Dieses Buch ist dem Genius in dir gewidmet, welcher immer größer ist als das Problem, was dich gerade bewegt.

2. Auflage

Autor: Veit Lindau **Verlag:** Life Trust **Lektorat:** Anne Nordmann
Illustration: Jana Tuncer **Layout&Satz:** Mark Schöningh | MUT communications

Entscheidender Hauptdarsteller: DU

Prolog

Der Spielmeister und der Adept standen vor dem Gang des Vergessens. Dahinter, verborgen im Zwielicht, wartete die Pforte:
der Eingang zum Spiel.
Der Spielmeister spürte die drängende, unschuldige Neugier der jungen Seele. Sie wusste nicht.
Der Alte lächelte still, milde. Nur wer genau hinsah, bemerkte in der dunklen Tiefe seiner Augen einen mitfühlenden Schmerz. Denn er wusste.

Alles musste so sein.

Leise sprach er zu seinem Schüler:
„Es ist deine Wahl. Du musst das Spiel nicht spielen."

„Ich weiß. Ich will es aber spielen. Was werde ich erleben? Werde ich eine Frau sein oder ein Mann? Wo wird das Spiel stattfinden? Wie lange wird es dauern?"

„Lass dich überraschen. Mach dir nun noch einmal die wichtigste Regel des Spiels bewusst: Sobald du den Gang des Vergessens durchschritten hast, wirst du nicht mehr wissen, dass es ein Spiel ist. Du wirst dich an unser Gespräch nicht mehr erinnern. Alles, was du träumst, wird dir vollkommen real erscheinen. Du wirst suchen, leiden und kämpfen, als gäbe es nichts außer deinem Traum."

Das junge Wesen antwortete schnell und altklug: „Ja, ja, ich weiß. Darin liegt ja gerade der Spaß. Kann ich jetzt los?" Der Spielmeister nickte ruhig und liebevoll: „Ja, du kannst jederzeit gehen."

Mit federnden Schritten begab sich die junge Seele in den Gang des Vergessens. Nach einigen Metern aber drehte sie sich noch einmal um und kam zurück. Ihre Stimme klang jetzt etwas nachdenklicher: „Aber was ist, wenn ich mich nie wieder erinnere?"

Der Spielmeister schmunzelte gutmütig und sagte: „Ich dachte schon, du würdest nie fragen. Wir haben diese Gefahr natürlich bedacht. Wenn du dich zu tief in deinem Traum verirrst, schicken wir dir drei Weckrufe."

„Welche sind das?"
„Zuerst senden wir dir ein Problem."
„Was ist ein Problem?"
„Ein Problem ist ein Ereignis, das dein Spiel zum Stolpern bringt, weil du es nicht kontrollieren kannst."

„Aha. Und was ist der zweite Weckruf?"
„Wenn der Kontrollverlust noch nicht ausreicht, um dich zu wecken, schicken wir Schmerz. Dann wirst du intensiver unter deinem Problem leiden."

„Und was ist, wenn Problem und Schmerz nicht ausreichen? Was, wenn ich immer noch weiterträume?"
„Für diesen Fall haben wir ein Buch in deinem Spiel deponiert. Es wird dir zum perfekten Zeitpunkt in die Hände fallen. Es heißt:

NO PRBLEM

Wahrscheinlich wirst du dich über den Titel wundern und es deshalb in die Hand nehmen. Vielleicht bekommst du es auch empfohlen. Wie auch immer, es wird dich zur rechten Zeit finden. Wenn du bereit bist, wirst du es lesen und dich erinnern."

„Woran merke ich, dass ich bereit bin?"
„Wenn du nicht mehr recht haben musst."
„Dann ist mein Erwachen also gewiss?"

„Ja, das ist es. Und jetzt geh!"

NO
PRBLEM

Wie Du Dein Problem löst

Inhaltsverzeichnis

....

Hinweise zur
Handhabung des Buches

Dieses Buch ist die Inspirationsquelle für das Spiel **Raus aus der Box!**[1]. Es funktioniert auch sehr gut ohne das Spiel. Dafür empfehlen wir dir, die einzelnen Kapitel nicht nur rational zu lesen, sondern ihnen Zeit zu gönnen, um in dir nachzuklingen. Die 13 Problemlösungs-Axiome enthalten bewusst keine detaillierte Handlungsanleitung. Verstehe sie eher als Schlüsselideen. Wir empfehlen dir, jedes Axiom erst einmal in Ruhe auf dich wirken zu lassen, bevor du die Erklärung dazu liest.

Die Axiome brauchen deine Offenheit, deine Lust, mit ihnen zu spielen. Lass sie tiefer in dich sinken. Lass sie in dir arbeiten. Lass sie dich berühren. Dann werden sie – fast unmerklich – deinen Geist von innen heraus für neue, erstaunliche Erkenntnisse öffnen. So wird sich dir eine konkrete Lösung für dein Problem offenbaren. Lass dich überraschen.

Du findest am Ende der Axiom-Kapitel immer einen kurzen Abschnitt mit Umsetzungstipps. Sie helfen dir, eine vielleicht erst einmal abstrakt klingende Idee als fruchtbaren Samen konkret in deinen Alltag zu pflanzen.

....

[1] **Raus aus der Box!** ist ein hocheffektives Problemlösungsspiel, das aus einer besonderen Faltschachtel und einem 12-teiligen Begleitvideo besteht. Mehr dazu im Anhang.

Den meisten Nutzen wirst du aus diesem Buch ziehen,
wenn du es sehr persönlich nimmst.

Entscheide dich dafür, dass es für DICH geschrieben wurde.
Und es wird so sein.

Entscheide dich dafür, dass es eine Antwort auf die Fragen enthält,
die dich bewegen. Und es wird so sein.

Deine Wahl, Träumer, ist machtvoll.

Deine ganze Umgebung wartet darauf,
wie du dich entscheidest.

Warnung

1. Lies dieses Buch nur, wenn du dein Problem gründlich satt-hast und wenn du wirklich bereit bist, es loszuwerden. Du bist bereit, wenn dein Wunsch, es zu lösen, größer ist als der, recht zu haben. Ansonsten warte lieber noch ein Weilchen. Es ist dein gutes Recht, recht zu haben, bis du die Nase gestrichen voll davon hast.

2. Das Buch kann dir nicht erklären, wie du dein Problem löst, denn du bist der Träumer und das hier ist dein Traum. Die Worte auf dem Papier können dich nur erinnern. Sie flüstern dir zu: „Es ist Zeit, aufzuwachen. Die Lösung war die ganze Zeit da!"

3. Manches, was du lesen wirst, wird komplett verrückt klingen. Das ist der beste Zeitpunkt, um dich zu fragen: „Will ich recht haben oder bin ich bereit, die Dinge einmal anders zu be-trachten?" Dafür musst du den Behauptungen dieses Buches nicht einfach glauben. Aber gib ihnen eine Chance. Das tust du, indem du für mindestens einen Tag dein Leben spielerisch betrachtest und dich fragst: „Was wäre, wenn es so wäre, wie es in dem Buch steht?"

4. Es kann der Moment kommen, in dem du das Buch am liebsten in die Ecke feuern möchtest. Das ist wahrscheinlich der bedeut-samste Zeitpunkt, um weiterzulesen.[2]

5. Wenn du dich intensiv mit dem Gedankengut des Buches beschäftigst, wirst du dein Problem genießen lernen oder es wird vollständig verschwinden. Es ist möglich, dass du am Ende der Lektüre gar keine Probleme mehr hast oder sie zumindest nicht mehr so ernst nehmen kannst wie bisher. (Warum das eine Warnung wert ist? Weil du dich dann fragen musst, was du ab jetzt mit deinem Leben anfängst.)

6. Dein Verständnis davon, wer du bist und was Wirklichkeit ist, wird wahrscheinlich erschüttert und erweitert. Das kann still geschehen. Es kann aber auch Schmerz, Trauer, Freude oder Gelächter auslösen. Dieses Buch ist kein Ersatz für eine Psychotherapie. Du liest dieses Buch auf eigene Verantwortung.

7. Wenn der Träumer erwacht: Das Spiel als Spiel zu durchschauen hat Konsequenzen. Du wirst dir selbst überzogene Dramatik nicht mehr abkaufen können. Du wirst dich schneller entwickeln. Du wirst anderen Menschen nicht mehr so überzeugend Vorwürfe machen können. Jeder plausible Grund für Streit wird verschwinden. Du beginnst zu sehen. Sehen befreit. Sehen macht still. Und manchmal, das musst du wissen, macht es einsam. Denn noch wählen viele Träumer den Schlaf anstelle des Erwachens.

> Willst du das alles?
> Dann lies weiter.

....

[2] Ich empfehle dir, diesen vierten Satz auf ein Blatt Papier zu schreiben und gut sichtbar zum Beispiel an deine Kühlschranktür zu heften. Man weiß ja nie ...

Das Einmaleins
des Träumens

„Einst träumte Dschuang Dschou, dass er ein Schmetterling sei, ein
flatternder Schmetterling, der sich wohl und glücklich fühlte und nichts wusste
von Dschuang Dschou. Plötzlich wachte er auf: Da war er wieder wirklich
und wahrhaftig Dschuang Dschou. Nun weiß ich nicht, ob Dschuang Dschou
geträumt hat, dass er ein Schmetterling sei, oder ob der Schmetterling geträumt
hat, dass er Dschuang Dschou sei, obwohl doch zwischen Dschuang Dschou
und dem Schmetterling sicher ein Unterschied ist. So ist es mit der
Wandlung der Dinge.“ [3]

Der Traum

Was ist der Traum?
Schau dich um. Das alles. Das, was du deine Wirklichkeit nennst.

Warum fühlt sich der Traum so echt an?
Weil der Schöpfer deines Traumes ein Meister seines Faches ist.
Er hat ihn mit viel Liebe zum Detail kreiert. Sein bester Trick: Er
hat den Traum mit Emotionen durchwebt. So sieht die Traumwelt
nicht nur echt aus, sie fühlt sich auch echt an.

....

[3] Dschuang Dsï: Das wahre Buch vom südlichen Blütenland,
Düsseldorf/Köln 1972, S. 51f.

Das Hauptproblem an deinem Problem ist nicht das Problem selbst. Es ist der Fakt, dass es sich so *echt* anfühlt. Manchmal so echt, dass du bereit bist, dafür zu streiten, dich zu ärgern, Beziehungen aufs Spiel zu setzen und vielleicht sogar Kriege zu führen. Deshalb verkrampfst du auch, wenn du an dein Problem denkst, anstatt es gelassen zu betrachten und spielerisch zu lösen. Die meisten Menschen begegnen ihrem Problem ernsthaft und verbissen. In diesem Zustand steht ihnen nur ein Bruchteil ihres kreativen Potenzials zur Verfügung.

Dein Problem zieht seine Energie aus deiner festen Überzeugung, dass es echt, dass es wirklich, dass es *real* ist.

Beschäftigen wir uns daher zuerst mit der Frage nach „Realität".

Was ist Realität?

Schau dich bitte um, genau da, wo du gerade bist.

Was siehst du? Benenne leise einige Dinge, die du siehst.
Was kannst du mit deinen Händen tasten? Berühre etwas und benenne es dabei.
Was hörst du?
Was riechst du?

Lass diesen Moment mit all den Eindrücken in seiner Gesamtheit auf dich wirken. Das fühlt sich alles sehr real an, stimmt's? Gehst du nicht meistens davon aus, dass die Menschen um dich herum genau dasselbe sehen, fühlen, hören und riechen? Schließlich ist das ja DIE Realität, nicht wahr?

Denkste!

Die Welt, auf die du dich gerade beziehst, wird einzig und allein in deinem Bewusstsein zusammengesetzt. Du reagierst nicht auf DIE Realität da draußen, sondern auf eine konstruierte Wirklichkeit in deinem Geist.

Natürlich gibt es „da draußen" Phänomene: Leben, Schallwellen, Lichtwellen – eben Reize, die auf dich einströmen und dich beeinflussen. Doch welche Eindrücke du überhaupt bewusst wahrnimmst, wie du sie dann unbewusst verzerrst und was für eine Wirklichkeit du daraus zusammenbaust, entscheidet sich allein in dir selbst.

Es kann also gut sein, nein, es ist sogar höchstwahrscheinlich, dass deine Mitmenschen „die Realität" ganz anders erleben.

Was schätzt du, wie viel du bewusst von deiner Umgebung wahrnimmst?

Alles? Fast alles? Die Hälfte?

Selbst die Hälfte ist noch sehr optimistisch geschätzt. Tatsächlich strömen in jedem Augenblick ca. 11 Millionen Bits (Einheiten) an Informationen auf dich ein. Wenn du die komplett empfangen würdest, würden dir, salopp gesagt, sämtliche Sicherungen durchknallen. Und zwar sofort. Damit dies nicht passiert, filtert dein Nervensystem einen Großteil der Informationen vorher heraus. Um genau zu sein: 99,998 Prozent!

Das heißt, **du nimmst in jedem Augenblick nur ca. 200 von 11 Millionen Informationen bewusst wahr,** also nur 0,002 Prozent von deiner Umgebung. Der Rest bleibt auf der Strecke.

Das kannst du erst mal sacken lassen.

Zur bildlichen Vorstellung dieser Größenverhältnisse dient die nächste Seite. Während die ganze Seite für die komplette Wirklichkeit steht, ist der kleine Punkt (ungefähr in der Mitte) das, was du bewusst davon wahrnimmst.

．

....
Kommentar, siehe nächste Seite

Und, findest du den Punkt?

Nein? Dabei haben wir ihn extra schon vergrößert, damit er überhaupt gedruckt werden konnte.

Stimmst du uns zu, dass es albern ist, nur einen so winzigen Ausschnitt der Wirklichkeit zu erfassen und dann zu glauben, alles verstanden zu haben und jede denkbare Lösung für ein Problem zu kennen – beziehungsweise zu wissen, dass es keine gibt?

Deine Traumfilter

Denken wir noch einen Schritt weiter: Wer oder was in dir entscheidet, welche von den 11 Millionen Reizen du überhaupt wahrnimmst? Wie filterst du die 200 „richtigen" heraus? Und was geschieht dann mit diesem kläglichen Häufchen an Informationen? Wie setzt du daraus deine Wirklichkeit zusammen?

Der grundlegende Filter sind deine **physischen Begrenzungen**. Deine Sinnesorgane können bestimmte Schall- und Lichtfrequenzen gar nicht wahrnehmen, die beispielsweise Hunde hören oder Insekten sehen können.

Daneben verfügst du über drei **mentale Filtermechanismen**, die dein Unterbewusstsein nutzt, um deine interne Wirklichkeitsblase zu konstruieren.

1. Der Filter des Löschens: Dieser Filter ist der stärkste. Er hält alles draußen, was als „zu viel, unwesentlich, zu bedrohlich" eingeschätzt wird. Du hörst nur, was du hören willst. Du siehst nur, was du glaubst. Alles, was dich überwältigen beziehungsweise deine Weltsicht zu radikal infrage stellen würde, kommt erst gar nicht in deinem Bewusstsein an.[4]

2. Der Filter des Verzerrens: Bildhaft gesprochen besitzt dein Unterbewusstsein die Fähigkeit, die Lautstärke mancher Informationen hoch- und die anderer runterzudrehen. Das heißt, du verzerrst die Dimensionen.[5]

3. Filter: Verallgemeinern: Jedes Mal, wenn du in Gedanken Worte verwendest, wie „immer, niemals, jeder, niemand, alle …", verallgemeinert dein Verstand.

> **Beispiele:** „Ich werde nie geliebt. Immer geht alles schief. Das schaffe ich nie. Männer sind immer …" [6]

❗ Fassen wir noch einmal zusammen:

Nimm 0,002 Prozent aller verfügbaren Informationen. Die lösche, verzerre und verallgemeinere nach Gutdünken – und fertig ist DEINE Realität!

Auf so ein solides Wirklichkeitsgerüst kann man doch echt bauen, oder?

Was du siehst, ist nicht die Wirklichkeit, sondern der Traum, auf den du dich eingespielt hast.

....

[4] Ein Pessimist geht durch die Straßen einer Stadt und sieht nur Zeichen des bevorstehenden Weltuntergangs. Ein Optimist sieht auf demselben Weg die Blume, das freundliche Lächeln, die Hilfeleistung … Keiner von beiden hat im absoluten Sinne recht, beide haben nur bestimmte Informationen nicht zugelassen.

[5] Wenn du sehr selbstkritisch bist, gehst du vielleicht am Abend ins Bett und die hundert Sachen, die dir heute gut gelungen sind, erscheinen dir wie ein kleiner Klacks. Doch der eine Fehler, der dir unterlaufen ist, der bildet einen Riesenschatten auf deiner inneren Leinwand. Kommt dir das bekannt vor?

[6] Verallgemeinerungen vereinfachen dein Weltbild, indem sie alle Gegenbeweise ausblenden.

Ausblenden, verzerren, verallgemeinern – nach welchen Kriterien geschieht das eigentlich bei jedem Einzelnen? Oder, anders gefragt:

Wer entscheidet, was deine Filter durchlassen und wie sie es „aufbereiten"?

1. Deine kulturell-soziale Prägung

Ein Inuit besitzt zum Beispiel mindestens 20 verschiedene Worte für Schnee. Wir sehen einfach ... ähm ... Schnee?!

Du siehst einen Stuhl. Ein Amazonasindianer sieht vielleicht nur Feuerholz.

Ein afrikanischer Voodoopriester schaut in die Nacht und sieht Geister. Du denkst, er spinnt.

Ein Weltklassegeiger geht nach dem Konzert traurig nach Hause. Er hat dreimal nicht den richtigen Ton getroffen. Du gehst nach demselben Konzert nach Hause und denkst: „Das war das Vollkommenste, was ich je gehört habe."

Du hast dich in ein Drei-Sterne-Restaurant verirrt. Während der Herr am Nebentisch einen Gaumen-Orgasmus nach dem nächsten erlebt, denkst du bei jedem Gang, der dir serviert wird: „Die wollen mich wohl verarschen", und rechnest aus, wie viele Currywürste du dir davon hättest leisten können.

2. Deine Erfahrungen

Das, was du an Glaubenssätzen in deiner Kindheit zu hören bekommen hast, beeinflusst deine grundsätzliche Einstellung dem Leben gegenüber. „Leben ist Kampf!" – „Wenn man sich zu ehrlich zeigt, bekommt man einen drauf." – „Schuster, bleib bei deinen Leisten." Wer solche Sätze oft zu hören bekommt, nimmt die Welt anders wahr als jemand, der oft gehört hat: „Wenn du willst, kannst du alles schaffen! Vertrau dir selbst. Du bist gut und richtig."

Und natürlich werden auch die Erfahrungen, die du als Kind gemacht hast, deine Sicht auf die Welt langfristig prägen. So sieht ein Scheidungskind vielleicht in jedem späteren Streit den drohenden Verlust eines geliebten Menschen. Und ein Mensch, der in seiner Kindheit viele abwertende Urteile über sich hören musste, glaubt sie irgendwann auf einer tieferen Ebene selber. Er sieht dann nicht mehr die offenen Türen des Lebens, sondern nur noch die Mauern und Niederlagen. Während jemand, der starken Zuspruch erfahren hat, wahrscheinlich schneller die Chance in jeder Situation bemerkt.

3. Wichtig/unwichtig

Was von deinem Unterbewusstsein als „persönlich wichtig" kategorisiert wird, nimmst du wesentlich schärfer wahr.

Beispiel 1:

> *Du bist Mutter und sitzt entspannt auf dem Kinderspielplatz. Das Geschrei der Kinder um dich herum nimmst du nur als Grundrauschen wahr. Es wird von deinen Filtern heruntergedimmt (verzerrt), damit du in Ruhe lesen kannst. Bis du ein ganz bestimmtes Weinen hörst: das deines eigenen Kindes. Sofort bist du hellwach!*

27

Beispiel 2:

Noch vor ein paar Wochen war sie nur eine Frau, die du auf einer Party kennenlerntest. Sie flirtete mit dir, aber auch mit anderen. Das war okay, denn sie gehörte dir ja nicht. Du hast dich von deiner besten Seite gezeigt. Du hast sie umworben, mit Charme, Witz und Blumen. Denn dein Verstand hatte sie in die Kategorie eingeordnet: „Potenziell interessant. Aber noch nicht sicher!" Jede kleinste Geste, ihr Lachen, wie sie die Hüften bewegte, ihr Duft – alles an ihr kam dir magisch vor. Dann gelang es dir, sie tatsächlich zu erobern. Etliche Tage später wachst du zum wiederholten Male neben ihr auf. Sie ist immer noch dasselbe Wunder. Doch in deinem Bewusstsein wurde aus einer Frau (d)eine Frau! Ein einziger Buchstabe … mit dramatischen Konsequenzen. Deine unterbewusste Intelligenz hat ihr nun einen anderen internen Stempel verpasst. Aus: „Unsicher! Also gib dir alle Mühe. Bleibe wach. Genieße jeden Moment!" wurde „Objekt gesichert. Kenne ich. Bemühungen langsam runterfahren." Die Magie ist weg.

Doch sie verschwindet nicht wirklich, sie wird nur von deinen Filtern nicht mehr durchgelassen. Das kann sich, wie du vielleicht selbst schon einmal erfahren hast, als ein verhängnisvoller Fehler herausstellen. Denn du schläfst ab. Du verpasst das Wunder neben dir. Bis es eines Tages geht, weil es nicht mehr gesehen wird. Aus deiner Frau wird wieder eine Frau. Nun bist du wieder wach. Doch sehr wahrscheinlich ist es jetzt zu spät.

Ist dir schon aufgefallen, dass manche Menschen in jeder Situation eine offene Tür finden und andere auf jeder Wiese einen Stein, über den sie stolpern können? Der eine ist nicht schlauer als der andere – seine Filter sind nur anders eingestellt.

Die Kategorie, in die du eine Sache, einen Menschen oder eine Situation innerlich einordnest, entscheidet darüber, welchen Bruchteil an Informationen du wahrnimmst. Wenn ein Problem von dir das Etikett „Nicht lösbar. Zu schwer." übergestülpt bekommt, wirst du nur noch die Aspekte erkennen, die dir beweisen, dass es zu schwierig und nicht lösbar ist. Wenn du dein Problem als „unfair" einstufst, wird es zur Strafe usw.

Wenn du das nächste Mal vor einem scheinbar übermächtigen Problem stehst, mach dir bewusst: Du nimmst gerade nur 200 von 11.000.000 Informationen wahr, die es dazu zu erleben gibt. Dein Problem ist also nicht die Wahrheit, sondern ein kleines, verzerrtes Abbild von einem winzigen Aspekt des Lebens, der so ausschließlich in deinem Kopf existiert. Es ist der Weckruf aus deinem Traum.

> **❗ Fazit:**
>
> Du reagierst niemals auf „objektive" Probleme, sondern immer nur auf die Bedeutung, die du selbst den Dingen gibst.
>
> Rechthaben ist dein verzweifeltes Negieren dessen, was du in diesem Kapitel gelesen hast.

Finde den Träumer

Was ist der Traum?
Schau dich um. Das alles. Das, was du deine Wirklichkeit nennst.

Warum fühlt sich der Traum so echt an?
Weil der Schöpfer deines Traumes ein Meister seines Faches ist.
Er hat ihn mit viel Liebe zum Detail kreiert. Sein größter Trick:
Er hat den Traum mit Emotionen durchwebt. So sieht die Traum-
welt nicht nur echt aus, sie fühlt sich auch echt an.[7]

Woran erkennst du, dass du träumst?
Daran, dass du glaubst, ein unlösbares Problem zu haben.

Um zu verstehen, was ein Problem ist, wie es entsteht und vor
allem, wie du dich wieder davon befreist, ist es hilfreich, sich
einmal kurz mit Hypnose zu beschäftigen.

Was ist Hypnose?

Hypnose – das Wort kommt vom altgriechischen hypnos
(„Schlaf"). In der Hypnose wird ein Mensch durch einen Hypnotiseur in einen Zustand tiefer Entspannung versetzt, in dem das

....

[7] Haben wir dir schon gesagt, dass wir bestimmte Gedanken wiederholen werden?
Manch radikale Idee liest sich so schön einfach, dass wir nicht gleich registrieren, dass
sie Welten und somit auch Probleme zum Einstürzen bringen kann.

31

Tagesbewusstsein ausgeschaltet ist. So lassen sich tiefe Bewusstseinsschichten des Menschen erreichen, die Auskunft über sein Seelenleben und unbewusste Sehnsüchte geben können. Man kann einem hypnotisierten Menschen, Hypnotisand genannt, in diesem Zustand aber auch Anweisungen, sogenannte Suggestionen[8], eingeben, die sein Unterbewusstsein unbemerkt abspeichert. Diese Suggestionen wirken dann wie ein Filter. Sie beeinflussen, was der Hypnotisand glaubt und welchen Ausschnitt der Wirklichkeit er wahrnimmt. Der Mensch ist nach seinem Erwachen fest von den Suggestionen überzeugt und richtet sich in seinem Denken, Handeln und Fühlen danach aus – ohne sich (das ist bedeutsam!) der vorangegangenen Hypnose bewusst zu sein.

Eine Person kann übrigens auch beide Rollen gleichzeitig übernehmen, also Hypnotiseur und Hypnotisand in einem sein. Das nennen wir dann eine Selbsthypnose.

Stell dir vor, ein Hypnotiseur versetzt dich in Tiefenentspannung und suggeriert dir, dass du dich nicht mehr an deinen Namen erinnern kannst. Gelingt die Manipulation, weißt du nach dem Erwachen nicht mehr, wie du heißt. Das Gemeine daran ist, dass du dir nicht erklären kannst, warum dies so ist. Du fühlst dich unwohl und ahnst, dass etwas nicht stimmt, aber du verstehst nicht, was. Dann schnippt der Hypnotiseur mit dem Finger, und plötzlich fällt dir dein Name wieder ein. So kannst du einen gut hypnotisierbaren Menschen auch glauben machen, er wäre ein Hühnchen. Er wird

---

[8] Interessant ist, dass „suggestion" im Englischen auch Vorschlag heißt. Der Hypnotiseur schlägt dem Hypnotisand also eine bestimmte Realität vor.

die Augen aufschlagen, mit seinen imaginären Flügeln schlagen und gackernd durch die Gegend rennen.

Dir würde so etwas natürlich nie passieren, stimmt's?

Doch mal ganz provokant gefragt: Woher weißt du, dass du gerade nicht unter Hypnose stehst? Vielleicht weil sich alles so echt anfühlt? Nun, diese „Echtheit" fühlt auch der Mensch, der gerade glaubt, ein Huhn zu sein!
Vielleicht möchtest du ja als Beweis für deine Realität all die Menschen in deinem Umfeld anführen, die die Welt doch aber genauso sehen wie du. Doch was, wenn du einfach nur Mitspieler angezogen hast, die in einer ähnlichen Hypnose, in einem ähnlichen Traum gefangen sind? Jemand, der sich minderwertig fühlt, findet immer jemanden, der ihn gern als minderwertig behandelt. Jemand, der sich gern als Opfer der Umstände wähnt, zieht Menschen an, die genauso gerne klagen wie er …

Wenn deine Version der Wirklichkeit mit der eines anderen Träumers nicht kompatibel ist, werdet ihr euch sehr wahrscheinlich nie begegnen. Und wenn, wird es sich anfühlen, als würdet ihr aus verschiedenen Welten heraus kommunizieren, obwohl ihr physisch nebeneinander steht.

Was, wenn alles, was du als dein Leben erfährst, nichts weiter als ein begrenzter Tagtraum ist, in den du dich hineinhypnotisiert hast?
Was, wenn die Wahrheit über dich und die Welt eigentlich viel, viel größer ist?

**Dieses Buch hat nur einen Zweck:
dich langsam und möglichst schonend zu wecken.**

ACHTUNG, HIER KOMMT DEIN WECKRUF:

Es ist tatsächlich so: Du praktizierst seit vielen Jahren Hypnose, ohne es zu merken.

Du bist ein fleißiger, hochkonzentriert arbeitender Hypnotiseur und hast für deine Meistervorführung den besten Hypnotisanden der Welt gefunden. Jemanden, der dir so sehr vertraut, dass er dir jedes Wort glaubt:
DICH SELBST!

Ob du willst oder nicht: Jeder Gedanke, den du denkst, ist eine Autosuggestion.

- ○ *Es gibt keine neutralen Gedanken!*
- ○ *Jeder deiner Gedanken wirkt.*
- ○ *Jeder Gedanke stärkt oder schwächt.*
- ○ *Jeder Gedanke öffnet oder schließt die Türen
   zu einem Universum an Möglichkeiten.*

Jetzt kommen wir der Sache mit den Problemen langsam näher …
Da wir vor uns selbst gut dastehen möchten, nehmen wir nämlich meistens nur die einigermaßen „vernünftig" klingenden Gedanken in unserem Verstand bewusst wahr. Deshalb erkennen wir oft nicht den Zusammenhang zwischen unserem Denken und den von uns

erfahrenen Problemen. Wir sind doch so positiv eingestellte Menschen! Warum passiert uns das nur immer wieder?

Wenn du für die Wahrheit bereit bist, setze dich für 15 Minuten auf einen Stuhl. Schließe die Augen und lausche einmal unzensiert dem Strom deiner Gedanken. Wenn es dir dabei hilft, aufmerksam zu bleiben, schreibe einfach alles mit.

JA. JETZT.

Mal abgesehen davon, dass das allgemeine Chaos, das du in deinem Oberstübchen antreffen wirst, locker für eine Eintrittskarte in die Psychiatrie reichen würde[9], lohnt es sich, etwas genauer hinzuhören und nach Gedankenvariationen zu suchen, die einen ähnlichen Klang haben. Auch wenn sie sich vielleicht mit verschiedenen Themen beschäftigen, enthalten sie oft verwandte Grundsuggestionen.

„Ich kann das nicht."

„Ich bin nicht gut genug."

„Die Welt ist ungerecht!"

„Ich habe Angst. Bestimmt passiert was Schlimmes."

„Das hat doch sowieso keinen Zweck."

„Warum passiert mir das immer?!"

....

[9] Nicht persönlich nehmen. Das geht den meisten Menschen so
Es spricht halt nur niemand darüber.

Kommt dir etwas davon bekannt vor? Oder bevorzugst du andere Suggestionen? Wenn du herausfinden willst, auf welcher Hauptfrequenz deine 50.000–60.000 Gedanken pro Tag senden, ist es besser, dich nicht an deinem Wunschbild von dir zu orientieren, sondern dir dein Leben nüchtern und schonungslos anzuschauen.

> **Was du täglich erfährst, ist nicht DIE Wirklichkeit, sondern DEINE Version davon. Es ist der Traum, den dir dein innerer Hypnotiseur im Laufe der Zeit als „wahr" verklickert hat.**

Das ist ein dicker Hund, nicht wahr? Für die meisten Menschen ist das hart bis unmöglich zu akzeptieren, denn wenn du diese Erkenntnis zulässt, wirst du nie wieder voller Überzeugung recht haben können. Du wirst nie wieder 100 Prozent pathetisch-entrüstet einen anderen Menschen oder die Umstände oder Gott für dein Leid verantwortlich machen können. Klar, versuchen wirst du es ab und an. Doch eine leise Stimme flüstert dir zu: „Komm mal wieder runter. Das hier ist nur dein selbstkreierter Traum."

Fairerweise müssen wir dich deshalb an dieser Stelle noch einmal fragen:

Willst du wirklich weiterlesen?
Es wird dich dein Rechthaben kosten.

Noch fairer ist es allerdings, wenn wir dich darauf hinweisen, dass es bereits zu spät ist. Der Stolperstein ist schon in deinem Traum platziert; der gesunde Zweifel an deinem Rechthaben ist gesät. Es geht nicht mehr zurück. Tja, wir hatten dich gewarnt. Wenn der Träumer beginnt, sich zu erinnern, ist der Ausgang der Reise gewiss. Es mag Zeit brauchen. Doch Zeit ist irrelevant; sie gehört zum Traum.

Willst du deine Realität verstehen und nachhaltig ändern? Dann akzeptiere, dass du zugleich der beste Hypnotiseur und der bereitwilligste Hypnotisand bist, den deine Welt je gesehen hat.

Die perfekten Umstände
für deinen Traum

Die Umstände für eine erfolgreiche Hypnose könnten gar nicht
besser sein. Sie wirkt nämlich besonders gut, wenn sie unauffällig,
wie nebenbei ausgeführt werden kann. Gute Hypnotiseure geben
als Erstes dem Bewusstsein des Probanden etwas zu tun, das es
ablenkt. Geeignet sind dafür Beschäftigungen, die es nicht völlig
absorbieren (denn dann ist es nicht mehr aufnahmefähig), sondern
die seine Aufmerksamkeit nur wenig fordern. Dadurch wird ein

möglicher Widerstand durch den bewussten Verstand gezielt umgangen und das Unterbewusstsein kann direkt angesprochen werden. Dreimal darfst du raten, wessen Alltag zum großen Teil aus solchen ablenkenden Tätigkeiten besteht? Zähneputzen, Bügeln, Fernsehen, Zeitunglesen, Abwaschen, Autofahren, Arbeiten ...

Das alles sind optimale Gelegenheiten, um dich unbemerkt zu hypnotisieren.

Weiterhin förderlich ist eine sichere und geborgene Atmosphäre, zum Beispiel bei dir zuhause.[10] Du brauchst keine Showbühne, um dich in den hypnotischen Schlaf zu schicken. Du machst das lässig, ganz nebenbei. Während du aufstehst und müde in die Küche schlurfst, um dir einen Kaffee zu kochen, hast du dir schon die ersten Autosuggestionen verpasst:

„Was für ein Scheißtag!"
„Die Socken liegen schon wieder rum. Lernt der das denn nie?!"
„Oh Gott, habe ich heute viel zu tun. Das schaffe ich niemals!"

Dieses innere Zwiegespräch findet so selbstverständlich statt, dass du es gar nicht bewusst wahrnimmst. Brillant! So lullst dich bereits am Morgen in dein Traumgespinst ein. Und das geht dann den ganzen Tag so weiter.

....

[10] Das erklärt übrigens, warum wir in ungewöhnlichen Umständen (Abenteuerreisen, Krisen, Verliebtsein) wacher und zu mehr in der Lage sind als sonst. Die alltägliche Hypnose wirkt in diesen Zeiten nicht mehr so stark – bis die Krise vorbei ist, das Abenteuer zur Routine und das Verliebtsein zum berechenbaren Ehealltag geworden ist.

**Du schaffst für deine Traumwelt
ein Perpetuum Mobile[11]:**

1. Du kaufst dir deine eigenen Suggestionen so erfolgreich ab, dass du nur noch siehst und glaubst, was du dir selbst eingeredet hast.

2. Du stimmst dein ganzes Fühlen und Handeln darauf ab.

3. Das wiederum produziert Ergebnisse, die dir noch mehr Beweise dafür liefern, dass du recht hast. Wer glaubt, dass die Welt schlecht ist, wacht jeden Morgen wieder in der Hölle auf. Wer glaubt, Glück nicht verdient zu haben, rennt gegen die Mauer und übersieht die offene Tür.

4. Durch die bestätigenden Erlebnisse fühlt sich deine Traumwelt immer echter an. Irgendwann musst du nur noch ein Minimum an geistiger Arbeit investieren, um die Show aufrecht zu halten. Du bist, wenn du Pech hast, auf immer und ewig in derselben Schallplattenrille deiner Schöpfung gefangen. Das Lied ist zwar komplett bekannt, also wahrscheinlich ziemlich langweilig, doch irgendwie auch sicher. Wer weiß, ob es „da draußen" überhaupt etwas anderes gibt?!

5. Also lieber noch eine Runde...

....

[11] Unter einem Perpetuum mobile (lat.: sich ständig Bewegendes) versteht man eine Konstruktion, die, wenn man sie einmal in Gang gesetzt hat, von allein in Bewegung bleibt.

Die gute Nachricht lautet: Jeder hypnotische Zustand kann wieder aufgelöst werden. Dazu braucht es eine sogenannte *Gegensuggestion*, die die begrenzende Suggestion neutralisiert. Dreimal darfst du raten, wer diese befreiende Idee am besten finden und am tiefsten in deinem Geist platzieren kann … du!

Denn wenn jemand anders in deinem Traum erscheint, um dich liebevoll daran zu erinnern, dass es Zeit ist aufzuwachen, reagierst du leider häufig weder offen noch dankbar. Der, der deinen Traum ins Wanken bringt (zum Beispiel indem er einfach nicht so mitspielt, wie du es gewohnt bist), wird meist einfach ignoriert, oder, auch nicht selten, sogar bekämpft. Denn selbst wenn dein Traum dich leiden lässt: Er ist doch die Komfortzone, die du kennst. Sie verspricht dir Sicherheit. Deine Probleme nerven zwar, doch sie sind auch zu einem Bestandteil deiner Identität geworden. Der interne Sicherheitsinspektor flüstert dir leise zu: „Sei lieber vorsichtig, wer weiß, ob das Leben ohne dieses Problem noch richtig funktioniert?! Vielleicht bricht das ganze Haus ein, wenn du einen Stein aus der Mauer entfernst."

Manchmal wirst du auch gezwungen, aus deinem Traum zu erwachen. Durch eine Krise zum Beispiel. Ein geliebter Mensch stirbt; du erlebst einen Unfall; du wirst gefeuert. Wenn du so abrupt und unfreiwillig aus deiner Trance gerissen wirst, stehst du meistens noch eine gewisse Zeit unter Schock.

Warum also nicht lieber sanft und freiwillig erwachen?

Wie das geht?

Der Meisterhypnotiseur muss innerhalb des Traumes den befreienden Gedanken aussprechen. Das hast du sicher schon einmal erlebt. Eine einzige neue Idee, eine überraschende Frage – einmal bewusst und offen von dir gedacht – erlöst dich von monatelangem Leiden. Gestern war dein Problem noch riesengroß, und heute wachst du auf und schaust schmunzelnd auf den kleinen Kieselstein. Gerade noch stehst du verzweifelt vor der Mauer, dann kommt ein neuer Gedanke, du hebst deinen Blick und erkennst die offene Tür direkt vor deiner Nase. Magie? Ein Wunder? Nein. Hypnose und Dehypnose. Du hast es einfach drauf!

Doch was, wenn die Gegensuggestion, der befreiende Gedanken, der dich aus deinem Traum erweckt, nie gefunden wird?

Dann träumst du weiter, bis du stirbst. Danach inkarnierst du wieder, um im nächsten Traum nach dem Ausgang zu suchen.

Leben ist geduldig. Aber zu lange würde ich nicht warten.
Du verpasst eine Menge Spaß.

❗ Zusammenfassung

Das, was du „Realität" nennst, ist das Ergebnis einer meisterhaften Selbsthypnose. Sie wirkt so echt, weil du viele Gedanken, Gefühle und Handlungen in das Geschehen investiert hast.

Dein Wiederaufwachen ist gewiss.
Die Frage ist nur: wann und wie?

Es kann hart oder sanft erfolgen.
Du kannst den Prozess erleichtern

1. indem du erkennst, wie absurd die Position des Rechthabens ist,
2. indem du beginnst, spielerisch nach der befreienden Gegensuggestion zu suchen.

Es kann gut sein, dass du sie mithilfe dieses Buches findest.

Das Problem

Was ist ein Problem?
Ein Problem ist gespeicherte Bewusstseinsenergie. Sobald es sich
auflöst, steht dir diese Energie frei zur Verfügung und du erfährst
eine Bewusstseinserweiterung.

Wozu ist ein Problem da?
Ein Problem ist ein Weckruf für den Träumer.

Für welchen Träumer?
Für dich. Denn es ist ja dein Problem.

Dein Problem ist ein Aspekt in deinem Traum, der nicht so funktioniert, wie du es willst. Das kann eine Krankheit, dein Bankkonto, ein
anderer Mensch oder du selbst sein.

Das Problem entzieht sich deiner Kontrolle. „Es" spielt nicht so mit,
wie du es willst. Dadurch bindet es die sonst eher gleitende Aufmerksamkeit des Träumers. Deine intensive Beschäftigung mit dem Problem verstrickt dich entweder noch tiefer in den Traum oder sie lässt
dich mehr erwachen. Wenn du weiterschläfst, wird das Problem an
einer anderen Stelle deines Traumes in gesteigerter Potenz auftauchen.
So lange, bis du es kapierst.

Ohne ein echtes Problem würde der Träumer für immer weiterschlafen. Doch ein Problem nervt. Es lässt dich leiden. Und das ist gut so. Denn dadurch fokussiert sich das Licht deines Bewusstseins in einem Punkt. Es zeigt dir die Grenzen deiner Realität schmerzhaft auf und es macht dich hungrig nach Erkennen. Es stellt dir starke Fragen in den Weg, die deine Routinegeschichte ins Wanken bringen.

Du und dein Problem

Die Beziehung zu deinem Problem durchläuft sechs Stadien.

1. **Investition.** Du beginnst, Gedanken, Gefühle und Handlungen in einen ganz bestimmten Standpunkt zu investieren, der in absehbarer Zeit zum Problem für dich werden wird. Das heißt, du baust die Autosuggestion auf.

2. **Ignoranz.** Das Problem ist im Anflug. Die Hypnose beginnt zu wirken. Jeder aufmerksame Betrachter sieht es schon kommen. Nur du selbst checkst es noch nicht.

3. **Besessenheit.** In dieser Phase hat das Problem dich. Du bist stark mit ihm identifiziert. Du glaubst zu hundert Prozent an den Traum. Das bringt dich immer wieder in einen Kampf-/Fluchtmodus. Deine abwehrende Energie füttert das Problem, und du bist blind für Lösungen.

4. **Akzeptanz.** In dieser Phase hast du das Problem immer noch. Aber du bist es nicht mehr. Du akzeptierst, dass es augenblicklich

zu dir gehört, aber du bist nicht mehr damit identifiziert. Du weißt, dass du mehr als dieses Problem bist. Der Träumer beginnt sich zu erinnern, wer den Traum erschuf. Das gibt dir die Möglichkeit, seine Anwesenheit neugierig wahrzunehmen, und es öffnet dich für die Lösung.

5. **Lösung.** Das Problem entspannt sich. Die in ihm gespeicherte Energie kehrt zu dir zurück. Du erfährst eine Bewusstseinserweiterung.

6. **Humor & Feiern.** Du schaust zurück und kannst jetzt mitfühlend über dich selbst lachen. Manchmal verstehst du gar nicht mehr, worin dein Problem bestanden hat. Du erkennst: Es war eine Illusion. Das ist ein schöner Moment. Leider verpassen ihn viele Menschen, weil sie sich bereits das nächste Problem an Land gezogen haben.

❗ Zusammenfassung

Dein Problem ist ein Aspekt in deinem Traum, der nicht so funktioniert, wie du es willst.

Solange du recht haben willst, wirst du an deinem Problem leiden.

Wenn du dich neugierig und offen auf dein Problem einlässt, befreit es dich wieder ein Stück mehr aus deinem Traum und liefert dir Bewusstseinsenergie.

Also ist dein Problem gut für dich.[12]

---

[12] Dies könnte ein guter Moment sein, um noch einmal den Hinweis Nr. 4 (S. 14) zu lesen.

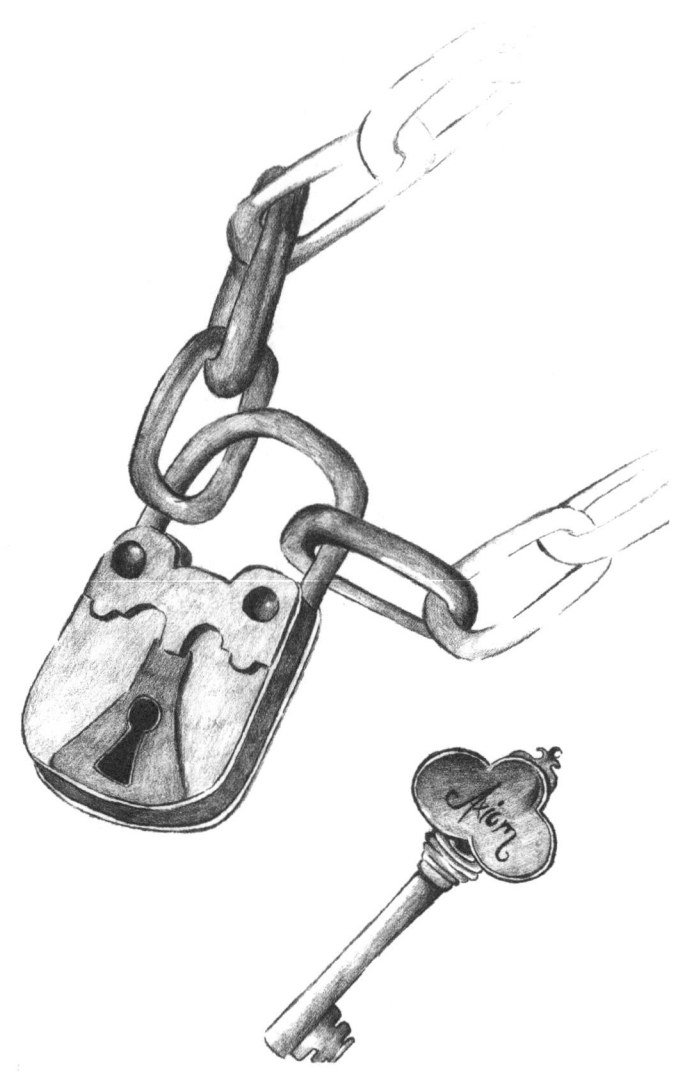

Die 13 Axiome
der Befreiung

Was ist ein Axiom?

Ein Axiom ist eine Aussage, die nicht bewiesen werden soll, sondern beweislos vorausgesetzt wird.

Uns[13] ist bewusst, dass du über jedes einzelne der 13 folgenden Axiome endlos diskutieren könntest. „Ist es wahr oder nicht? Hat es Sinn oder nicht?" u. ä.

Das kannst du gern tun, doch dann verpasst du das Wesentliche.

Jedes dieser Axiome ist ein Schlüssel. Ein Schlüssel zur Befreiung deines schöpferischen Genius aus den Ketten deines alltäglichen Verstands.

Einen Schlüssel diskutierst du nicht. Du steckst ihn ins Schloss und schaust, ob er passt. Das Schloss sind in diesem Fall die be-

....

[13] Wahrscheinlich hast du dich schon gefragt, wer „wir" sind; warum dich das Buch aus der ersten Person Plural heraus anspricht. Wir sind die, die bereits eine Brise der frischen Luft erhascht haben, die außerhalb des Traumes auf jeden von uns wartet. Wir sind all die Menschen in deinem Leben, die sich darauf freuen, dieses Spiel mit dir gemeinsam, lustvoll, wach und entspannt genießen zu können. Keine Sorge, du erkennst uns, wenn wir in deinem Spiel auftauchen.

grenzenden Vorstellungen in deinem Kopf. Sie sind dir so vertraut, dass du sie nicht mehr infrage stellst.

Öffne deinen Geist für die Axiome.
Du musst sie nicht glauben. Nimm die Haltung ein:
„Was wäre, wenn dies tatsächlich wahr wäre ...?"

> *Lass jedes Axiom eine Zeit lang wirken.*
> *Bewege es in Gedanken.*
> *Lass es sinken.*
> *Meditiere darüber.*
> *Lass dich von ihm berühren.*
> *Lass es in deinem Verstand zerschmelzen,*
> *wie eine Praline auf der Zunge.*
> *Hmm!*

Dann findet jedes Axiom das passende Schloss und befreit Schritt für Schritt deinen Geist.

Es folgt nun ein 13-Stufen-Plan, der dich aus deinem
Problem befreit.
Die 13 Stufen enthalten jeweils ein Axiom, eine Erläuterung und eine kurze Anweisung zur sofortigen praktischen Umsetzung.

Die wirksamsten Ergebnisse wirst du erzielen, wenn du die 13 Stufen der Problemlösung nicht nur theoretisch, sondern anhand eines konkreten Problems durcharbeitest.
Was ist das momentan nervigste, leidvollste Problem in deinem Leben?

Ist es immer noch das, das du auf der ersten Seite identifiziert hattest? Oder ist mittlerweile ein noch dickerer „Brocken" aufgetaucht?

Finanzen, Gesundheit, eine Beziehung, du selbst, die Welt, dein Chef...?

Wann immer ab jetzt von Problemen die Rede ist, setze in Gedanken diese eine Sache dafür ein.

Bereit?

Let's go!

> ### ❗ *Ausnahmen*
>
> Die 13 Problem-Befreiungs-Axiome gelten für Menschen mit einem gesund funktionierenden, normal-neurotisch veranlagten Geist. Sie wirken nicht unter real lebensbedrohlichen Umständen. Aber wenn du dieses Buch liest, fällt dein Problem sehr wahrscheinlich nicht unter diese Kategorie.

Das 1. Axiom

Das Problem, das ich gerade
habe, ist perfekt für mich.

Solange du gegen dein Problem kämpfst, weil du denkst, es liege ein Irrtum vor, kannst du es nicht lösen.

Du verschwendest Zeit, Lebenskraft und Intelligenz, wenn du etwas, das bereits da ist, ablehnst.

Wie oft verfängst du dich in der Haltung des kindlich-trotzigen Protestierens, wenn etwas in deinem Leben geschieht, das dir nicht passt?

> *Das darf doch wohl nicht wahr sein!*
> *Warum immer ich?*
> *Das habe ich nicht verdient!*
> *Daran sind die anderen schuld.*
> *Es ist so ungerecht, dass es mich trifft.*
> *Das ist nicht fair!*

Ja, es ist wahr. Das Universum ist – gemessen an menschlichen Vorstellungen – nicht fair. Es ist einfach. Es ist voller Überfluss und voller Überraschungen. Manche sind toll. Andere tun weh. Sicher ist nur eines: Alles wird sich wandeln. Auch dein Problem. Wenn du es lässt.

Schau: Niemand kann dich zur Kooperation mit deinem Problem zwingen. Es ist dein Recht, bockig zu sein. Doch damit bestrafst du dich gleich dreimal:

Erstens legst du dich so mit dem Leben an. Und damit meinen wir nicht dein kleines Leben, sondern die große Gesamtsinfonie LEBEN, die nun einmal entschieden hat, dass du dieses Problem jetzt hast.

Zweitens wird es durch deinen Widerstand nicht besser, sondern schlimmer. Jede Kraft erzeugt eine Gegenkraft.

Drittens missbrauchst du deine eigene kreative Intelligenz. Anstatt sie zu hundert Prozent darauf zu verwenden, das Problem auszupacken, es zu erforschen, seinen Wert zu erkennen und Mist in Gold zu verwandeln, schickst du deinen Genius auf Abwege. Du lässt ihn gegen etwas rebellieren, was bereits geschehen ist.

Hat das wirklich Sinn?

Leben hat immer recht.

Solange du dich weigerst, dein Problem zu akzeptieren, kann es dich nicht verlassen. Denn statt es zu lösen, ist ein Großteil deiner kreativen Intelligenz damit beschäftigt, etwas abzuwehren, was längst da ist.

Solange du leugnest, dass du ein Problem hast oder versuchst, dein Problem einem anderen Menschen unterzuschieben, geht es nicht voran.

Das ist ungefähr so, als wenn der Postbote zum zehnten Mal mit einem Paket vor deiner Tür steht und du dich weigerst, es anzunehmen. Ob du willst oder nicht, es gibt Pakete, die kannst du nicht zurückweisen. Sie kommen immer wieder. Und zwar größer, nervender, schmerzhafter ...

Mach die Tür auf und nimm die Box an. Ja, es ist deine.

Praktische Umsetzung

Gib zu, dass du ein Problem hast.
Benenne es:

Ich habe ein Problem mit ...

Akzeptiere das Problem als dein Problem.

Dieses Problem mit ... gehört zu mir. Es ist MEIN Problem.
Es gehört zu mir.

Sprich es laut aus.
Immer wieder.
Hol dein Problem nach Hause.

Wie fühlt sich das an?

Das 2. Axiom

Veränderung beginnt von allein,
wenn du voll anerkennst, was ist.

Anders ausgedrückt: Der schnellste Weg raus ist der Weg rein.

Es gibt nichts Starres in diesem Leben. Alles wandelt sich. Immer wieder. Auch dein Problem möchte sich verändern, entwickeln und auflösen. Das kann es jedoch nicht, solange du seine Existenz nicht vollständig anerkennst.

Indem du vor deinem Problem wegrennst, es leugnest oder schönredest, hältst du es fest. Es verhält sich dann wie ein Gast, den du vor deiner Tür stehen lässt, weil du hoffst, dass er verschwindet, wenn du so tust, als wäre er nicht da. Doch der Gast hat eine Botschaft für dich. Und die Botschaft ist ein Teil deines Lebens. Er kann nicht gehen, bevor du ihn nicht hereingebeten und angehört hast. Manchmal sieht es so aus, als wenn er (dein Problem) verschwunden wäre. „Endlich! Es ist weg." Doch dann, ein paar Tage oder Monate später ist er wieder da. Vielleicht hat er sein Erscheinungsbild geändert. Doch der Kern des Problems ist derselbe. Stimmt's?
Höre auf, dich zu verschließen. Öffne, anstatt ihn abzuwehren, deine Tür weit und lass den Gast herein; lass dein Problem voll in dein Bewusstsein eintreten und Raum einnehmen. Dann wird es sich, wenn die Zeit gekommen ist, von alleine verabschieden.

Keine Sorge, du musst dafür nicht so tun, als wenn du dein Problem liebtest. Wenn du es im Augenblick hasst oder fürchtest, dann ist das so. Doch es ist wichtig, dass du seine Präsenz voll anerkennst, damit du seine Botschaft hören kannst. Lade es ein aus dem Schatten der Verdrängten ins Licht der Willkommenen.

Dein Problem will sich verändern, entfalten, auflösen. Das liegt in seiner Natur. Heiße es willkommen.

Wir möchten dir ein einfaches Bild anbieten, das dir helfen kann,
dich mit deinem Problem anzufreunden. Du kannst es als real, als
Metapher oder als ein Märchen betrachten. Lass es einfach wirken:

Vor langer Zeit, bevor das Spiel, das du Leben nennst, begann, hast
du einen Teil deines Bewusstseins in Problemen versteckt und auf
deinem Weg durch das Leben verteilt.

Bewusstsein ist deine Fähigkeit, möglichst viele Facetten und Dimensionen des Lebens wach zu erfahren, zu verstehen und zu integrieren.

Vielleicht fragst du dich: Warum habe ich dann überhaupt einen Teil meines Bewusstseins in Problemen versteckt?

Weil du insgeheim ein Genießer deiner eigenen Entwicklung bist. Du wolltest nicht mit einem Mal erwachen, denn dann wäre der ganze Spaß des Spiels ja vorbei. Du hast das Vergnügen deiner Bewusstseinserweiterung portionsgerecht über den ganzen Weg verteilt.

Jedes Mal, wenn du eines deiner Geschenke auspackst und sich dein Bewusstsein dehnt, erweitert sich dein Verständnis davon, wer *du* bist und was Leben ist. Du denkst freier und flexibler. Du erfasst komplexere Zusammenhänge. Du erfährst den gegenwärtigen Augenblick wacher und intensiver. Da du dich gleichzeitig auch wieder mehr daran erinnerst, wer du bist, spürst du oft einen Schub Glückseligkeit, Erleichterung, Ekstase.

Damit das Auspacken der Geschenke wirklich zum spannenden Abenteuer wird, hast du vergessen, wer sie dir auf deinen Weg gestellt hat. Jetzt stehst du vor deinem Problem und weißt nicht mehr, dass du es selbst für dich ausgesucht hast. Du siehst und fühlst es wie eine fremde Macht, die dich bedroht. Also kämpfst du zuerst mit deinem Geist dagegen an. Doch genau durch diese Grundhaltung geht es auf deinem Weg nicht weiter, verstehst du? An das in dem Problem gespeicherte Bewusstsein wirst du so nicht herankommen. Und wenn du versuchst, das Paket zu umgehen, wird es irgendwann in abgewandelter Verpackung wieder auf dich warten.

Wenn du das Problem hingegen wirklich als deines annimmst, passiert ein Wunder.

Dein Bewusstsein ist unvorstellbar intelligent.
Es wird das Problem abtasten und durchdringen.
Es wird das Problem verstehen,
sich mit ihm vereinen und seinen Wert erkennen.

Dann kann sich dein Problem endlich entspannen und auflösen. Seine gespeicherte Energie wird freigesetzt und steht dir zur Verfügung. Du erfährst im wahrsten Sinne des Wortes eine *Bewusstseinserweiterung.*
Heilung bedeutet Ganzwerdung. Indem du die Beziehung zu deinem Problem heilst, wirst du heiler, ganzer. Du wirst wissender, friedvoller und glücklicher.

Nichts ist starr. Alles ist im Wandel. Was kommt, muss wieder gehen.

Auch dein Problem. Also lass es richtig kommen.

Gib den Kampf auf.
Öffne deine Tür.
Anerkenne dein Problem in vollem Umfang.

Nachtrag:

In einer besessenen Leistungsgesellschaft wie der unsrigen geht es
primär darum, alles zu kontrollieren und möglichst schnell in den
Griff zu bekommen. Wir reagieren hektisch, wenn etwas auftaucht,
das unsere Pläne durchkreuzt, wenn also „Probleme" auftreten.
Wir wollen sie so schnell wie möglich vom Tisch haben. Sie sollen
verschwinden wie ungebetene Gäste. Sich diesem kollektiven
Zwang zu entziehen und dein Problem erst einmal voll hereinzu-
bitten und zu umarmen, erscheint dir daher vielleicht total verrückt. Tja, es waren schon immer die scheinbar Verrückten, die die
Welt verändert haben.

❗ Praktische Umsetzung

Was ist gegenwärtig dein größtes Problem?
Gib den Kampf dagegen auf.
Erkenne voll an, dass es da ist.
Schau es an.
Sprich darüber.
Schreibe es auf.

Beschreibe dein Problem in allen Einzelheiten, ohne es schönzureden.
Am besten gleich jetzt.
Bring *ES* hier zu Papier.
Beschreibe es mit deinen Worten. Ungeschönt.
Versuche nicht, erleuchteter zu sein, als du bist.
Kotze es raus.
Was nervt dich daran?
Was blockiert dich darin?
Was tut daran weh?
Auf welche Fragen bezüglich dieses Problems hast du keine Antwort?

Wie zeigt sich dein Problem materiell (konkrete Umstände und Bedingungen)?

Wie zeigt es sich körperlich (Anspannungen, Krankheiten)?
Wie zeigt es sich emotional (welche Gefühle löst es aus)?
Wie zeigt es sich mental (Gedanken, geistiger Stress, Schlafstörungen)?
Wie zeigt es sich sozial (in deinen Beziehungen)?
Auf welche Weise hast du bisher gegen das Problem gekämpft?

Stell dir vor, du würdest den Kampf gegen dein Problem einstellen und erst einmal voll darin ankommen. Wie wäre das? Was würdest du fühlen? Was würdest du denken?

Meditation:
Eins werden mit deinem Problem

Aikido ist ein sanfter Kampfsport. Sein Grundprinzip besteht darin, die Energie des Gegners nicht abzublocken, sondern mit der Energie des Gegners zu gehen, dich quasi mit ihr zu vereinen, um sie dann in die von dir gewünschte Richtung zu lenken.
Das kannst du auch mit deinem Problem tun.

Dies ist eine Meditation, die dich mit der Kraft
deines Problems vereint.

Probiere sie gleich aus, wenn du möchtest. Es ist hilfreich, die Augen während der Meditation geschlossen zu halten. Also lies dir die Anleitung vorher durch und schließe dann deine Augen.

Nun stell dir deinen Lebensweg vor. Vielleicht ist es eine gerade Straße, vielleicht ist es ein geschlängelter Pfad.
Lass dein Problem mitten auf diesem Weg erscheinen. Vielleicht zeigt es sich als eine Wand, vielleicht als ein Symbol oder als ein großer Stein. In welcher Form auch immer dein Problem auftaucht, stell dir vor, wie es deinen Weg versperrt.

Und nun spüre intensiv, wie sehr dich dieses Problem stört. Spüre die Energie, die du bereits in den Kampf gegen das Problem gesteckt hast; wie viel Energie dich dieser Kampf kostet. Fühle noch einmal sehr ehrlich, wie wütend, ängstlich, traurig oder einfach nur müde dich der Kampf gegen dieses Hindernis macht.

Jetzt lass dich innerlich einmal auf folgende Idee ein. Du musst sie nicht glauben, du kannst sie einfach wie ein Märchen durchleben: Stell dir vor, dass du vor langer, langer Zeit eine freie Seele in einem Meer von Licht warst. Du hattest eine unbändige Lust, wieder einmal auf der Erde zu inkarnieren. Und bevor du dich damals auf die Reise machtest, hast du auf deinem Lebensweg genau für diesen Zeitpunkt dieses Problem platziert. Und nicht nur das. Du hast in diesem Problem einen Teil deiner schöpferischen Energie gespeichert. Eigentlich ist das Problem nur eine Kulisse. Seine Power empfängt es von dir. Du hast das damals so arrangiert, um das Spiel für dich spannend zu gestalten.

Stell dir vor, dass alle deine Probleme gar nicht deine Feinde sind, sondern deine eigene gespeicherte Energie, die darauf wartet, dass du sie wieder abholst.
Genau das kannst du jetzt mit diesem Problem tun.
Sieh es direkt vor dir, mitten auf deinem Weg. Spüre seine Kraft.
Mach dir klar, dass dies deine Energie ist.

Erlaube dir, für einen Augenblick nicht gegen dieses Problem zu kämpfen. Akzeptiere seine Gegenwart voll und ganz. Gehe auf das Problem zu. Öffne innerlich deine Arme, deinen Geist und fühle dich in das Problem hinein. Spüre diese konzentrierte Energie. Wie viel Power, wie viel pulsierende Kraft steckt in dieser scheinbar negativen Angelegenheit?

Kannst du das fühlen?

• • •

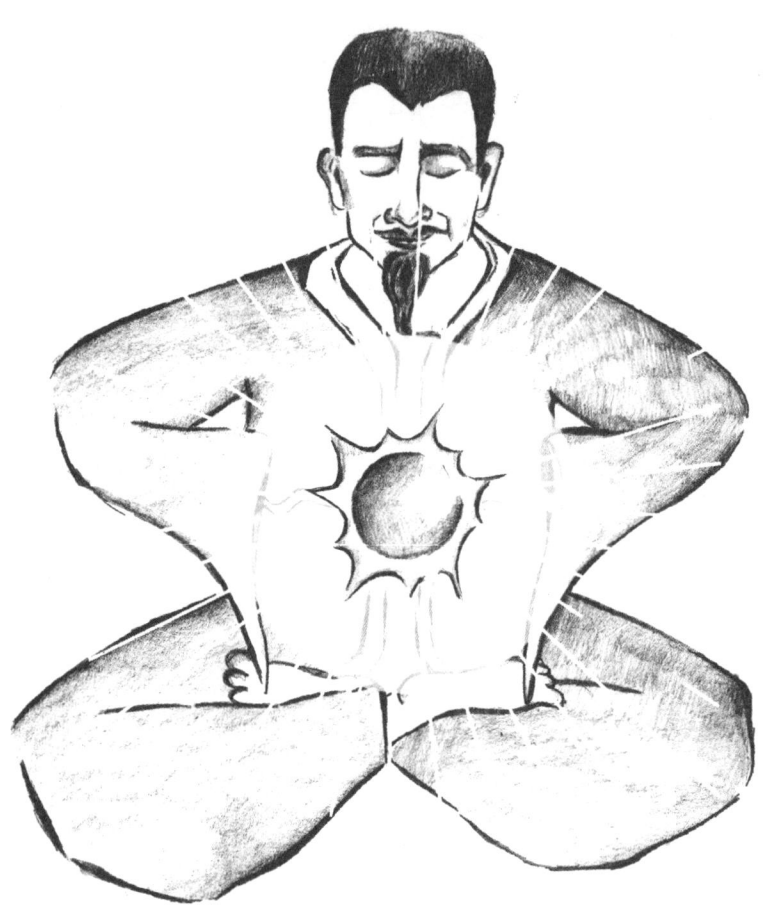

Lass für einen Moment den Gedanken los, dass dein Problem ein Fehler sei. Komm von dem Punkt, dass du der Schöpfer, die Schöpferin dieses Problems bist. Du hast genau für den richtigen Zeitpunkt, nämlich JETZT, deine Lebensenergie darin gespeichert. Geh noch näher an dein Problem heran. Stelle es dir jetzt wie einen pulsierenden Ball aus hochkonzentrierter Lebensenergie vor. Erlaube dir, mit diesem Ball aus Energie zu verschmelzen. Werde eins mit ihm. Nimm seine Energie in deinem System auf. Spüre, wie Kraft zu dir zurückkehrt. Deine Kraft. Gestatte dir, dich jenseits aller Worte zu erinnern. Lass deinen Geist sich weiten. Erkenne, dass du viel, viel größer bist als jedes Problem. Während die Energie zu dir zurückkehrt, beauftrage deine innere Weisheit, diese Energie so intelligent und sanft wie möglich zu nutzen, um dein Problem später auch im Außen ganz konkret zu lösen. Bitte um die richtigen Einsichten zur richtigen Zeit. Bitte um konkrete Handlungsimpulse. Vertraue, dass nun ganz natürlich Bewegung in die Sache kommt. Nimm dieses Vertrauen mit in deinen Tag und öffne die Augen.

Sehr wahrscheinlich wirst du dich nach dieser Übung friedvoller und weiter fühlen.
Entweder dein Problem erscheint dir nun nicht mehr so groß, und du kannst es in Ruhe da sein lassen. Oder du empfängst in den kommenden Tagen wichtige Erkenntnisse und Handlungsanweisungen, um dein Problem aufzulösen.

Das 3. Axiom

Dein Problem ist nicht real existent.
Dein Problem ist eine Box, in der
sich dein Geist verrannt hat.

Solange du dein Problem als ein real existierendes Ding betrachtest, wirst du an der falschen Stelle nach der Lösung suchen. Natürlich geht dein Problem oft mit konkreten, wahrnehmbaren Phänomenen in der Außenwelt einher. Doch du reagierst NICHT auf diese äußeren Umstände, selbst wenn es sich so anfühlt. Du reagierst auf das innere Abbild dieser Umstände. Du reagierst auf die Bedeutung, die du diesen Umständen gibst.[14]

Nicht die äußeren Umstände sind dein Problem, sondern wie du sie interpretierst.

Du leidest nicht unter deinem mauen Bankkonto, sondern unter den Rückschlüssen, die dein Geist daraus zieht.[15]

Im Streit ist nicht der andere der Auslöser für deinen Schmerz, sondern deine eigene Interpretation dessen, was du siehst und hörst.[16]

---

[14] Siehe: „Was ist Realität?", S. 18
[15] Sorry, könntest du diesen Satz bitte noch einmal lesen? Das war etwas zu schnell. Du merkst es, wenn du ihn verstanden hast. Er müsste dann das Gefühl sensationeller Erleichterung in dir auslösen. Wir wollen ja nicht angeben, doch diese 16 Worte halten gelinde gesagt einen Quantensprung für deine Realitätswahrnehmung bereit.
[16] Ja, bitte noch mal …

Andere Menschen würden auf dieselben Umstände vielleicht völlig anders reagieren. Welche 0,002 Prozent der Situation du überhaupt wahrnimmst und wie du sie interpretierst, welche Schlüsse du daraus ziehst – das alles geschieht einzig und allein in deinem Verstand.

Frage dich:
Warum kommen manche Menschen beschenkt und gestärkt aus einer Krise heraus, und warum gehen andere in derselben Situation in die Knie?

Warum erkennen manche selbst unter scheinbar fatalsten Umständen immer noch das Licht, während andere in jeder Schönheit einen Makel finden?

Noch einmal, weil es so radikal-bedeutsam ist für dein Glück:

....

> Nicht die äußeren Umstände sind
> dein Problem, sondern wie du sie
> interpretierst.

....

Obwohl dieser wichtige Zusammenhang sehr praktische Konsequenzen hat, klingt er für die meisten Menschen ziemlich abstrakt. Damit du ihn dir besser vorstellen kannst, verwenden wir nun einen Kunstgriff. Wir benutzen ab jetzt ein einfaches Bild für dein Problem:

Tata: die Box!

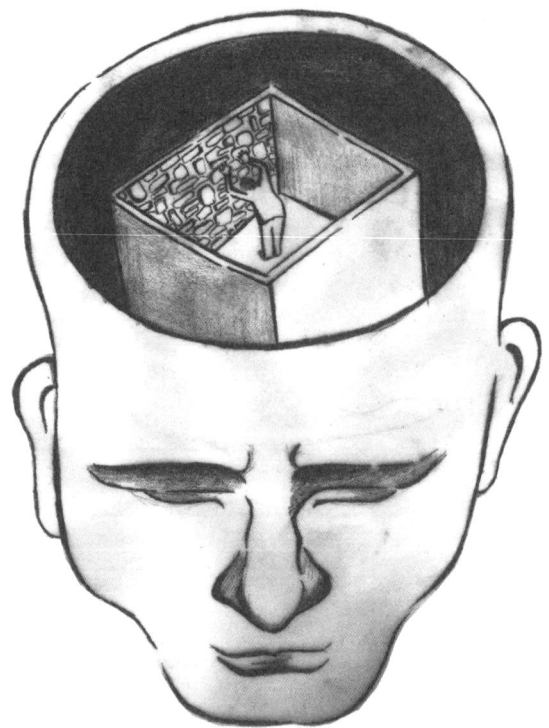

Stell dir vor, dass dein Problem nur als eine Box in deinem Kopf existiert. Ein Teil deines Verstandes hat sich darin verrannt. Die Wände der Box sind nicht real, sie bestehen aus begrenzenden Gedanken. Aber da es *deine* Gedanken sind, fühlen sie sich für dich *wirklich* an.

Ist es nicht so, dass du manchmal auf das Problem eines anderen Menschen schaust und von außen betrachtet gar nicht verstehen kannst, worin das Problem eigentlich besteht?

Du siehst dieselben Phänomene wie er. Aber dein Verstand gibt ihnen eine andere Bedeutung. Du schaust ins Offene, während der andere auf eine Mauer starrt – die Mauer in seinem Verstand.

Bist du auch schon einmal morgens aufgewacht und das Problem, das dich gestern noch so gemartert hat, war plötzlich verschwunden?
Du wähntest dich in einer hoffnungslosen Sackgasse, doch dann – ein kleiner Ruck im Geist – und vor dir lag wieder eine offene Straße? Alles war dunkel und plötzlich ist es wieder hell. Eine Strafe wird zum Geschenk. Eine Krise zur Chance. Ein Gefängnis zur Freiheit. Eine Mauer fällt und gibt den weiten Horizont wieder frei.

Wie kann das sein? Woher kam die plötzliche Erleuchtung? Wieso fühlst du dich so anders, obwohl sich im Außen vielleicht noch gar nichts verändert hat?

Der Grund ist: Die Box in deinem Kopf hat sich aufgelöst.

Wie das gehen kann?
Indem Du deine begrenzenden Gedanken loslässt.

Wenn du bereit bist, braucht es weniger als eine Sekunde dazu, denn die Mauern der Box bestehen nur aus Gedanken.

Keine begrenzenden Gedanken = keine Box = kein Problem.

Dein Verstand wehrt sich jetzt sehr wahrscheinlich gegen diese simple Gleichung.

Er wurde darauf konditioniert, die Ursache für dein Leid im Außen zu suchen. Wir bekämpfen lieber die äußeren Umstände, als uns mit uns selbst auseinanderzusetzen. Doch wenn du die Box in deinem Kopf nicht auflöst, wirst du immer wieder, scheinbar zufällig, in ähnliche Umstände geraten. Du kämpfst dann ein Leben lang wie Don Quichotte gegen Windmühlen an.
Warum?

> *Weil das wahre Problem nicht gelöst ist.*
> *Weil die begrenzende Box in deinem Geist noch existiert.*

Hast du ein Problem im Außen gelöst, taucht ein ähnliches auf. Solange die Box in deinem Denken existiert, verzerrt dein Verstand die dich umgebende Wirklichkeit immer wieder, bis sie in diese kleine, altbekannte Schachtel passt.

Bedeutet das, du sollst im Außen nichts mehr verändern? Nein, natürlich nicht. Doch deine Handlungen im Außen sind freier und wirken wesentlich stärker und nachhaltiger, wenn sich zuerst deine innere Wirklichkeit weitet.

....

**Löst sich die Box in deinem Kopf auf,
passt sich deine Realität der
neuen Freiheit an.**

....

❗ *Praktische Umsetzung*

Für den Moment reicht es, wenn du einfach mit dem Bild spielst, dass dein Problem nur als Box in deinem Kopf existiert.

Da dies auf einer abstrakten Ebene schwer vorstellbar ist, ist es hilfreich, die Box deines Problems tatsächlich als Schachtel zu visualisieren. Du kannst sie zeichnen, doch noch besser ist es, wenn du dir einen Karton besorgst, der ab jetzt als konkretes Sinnbild für das Problem steht, in dem sich dein Verstand verrannt hat.[17] Wichtig ist, dass der Karton aus einem beschreibbaren Material ist.

Schreibe nun dein Problem auf den Innenboden des Kartons. Dann stell ihn vor dich hin und mach dir klar, indem du es laut aussprichst:

„Mein Problem mit ... existiert nicht wirklich.

Mein Problem mit ... besteht nicht in den äußeren Umständen, sondern in der Bedeutung, die ich dem gebe."

Mein Problem mit ... ist eine Box aus begrenzenden Gedanken in meinem Kopf.

Ich bin bereit, diese Box zu verlassen."

Sprich diese Sätze mehrmals laut und deutlich aus und schau, was das mit dir macht.

....

[17] Unsere Empfehlung: Wir haben für diesen 13-stufigen Problemlösungsprozess einen speziellen Karton plus Spielmännchen entwickelt (siehe Anhang). Er wurde extra für dieses Spiel angefertigt und illustriert. Im Anhang dieses Buches findest du die Bestelladresse und einen Gutschein, den du dafür einlösen kannst.

Das 4. Axiom

Kein System ist in der Lage,
sich selbst von innen heraus
zu verstehen.

Ist dir schon einmal aufgefallen, dass du bei den Problemen anderer Menschen oft viel schneller erkennst, worum es geht und was zu tun wäre?

Vielleicht kommst du dir in Bezug auf dein eigenes Problem manchmal sogar etwas begriffsstutzig vor? Wirst du hin und wieder wütend oder schämst dich, weil du das Gefühl hast, die Lösung sei so nah, direkt vor deiner Nase, aber du kriegst sie einfach nicht zu greifen?

Woran liegt das?

Es ist ganz einfach: Du verstehst das Problem nicht, weil du Teil des Problems bist.

Der brillante Mathematiker Kurt Gödel formulierte in den Dreißigerjahren des letzten Jahrhunderts ein Theorem, welches besagt, dass ein System sich niemals aus sich selbst heraus erklären kann.[18]

Es ist vertrackt: Dein Problem ist „nur" eine Box, in der sich ein Teil deines Verstandes verrannt hat und die Wegbeschreibung, wie du die Box wieder verlassen kannst, existiert – allerdings steht sie an der Außenseite der Box.[19] Zu dumm!

---

[18] Kurt Gödel: Über formal unentscheidbare Sätze der Principia Mathematica und verwandter Systeme. In: Monatshefte Mathematische Physik 38, S. 173-198.
[19] Dieses geniale Bild habe ich zum ersten Mal in einem genialen Buch gelesen: „Drehbuch für die Meisterschaft im Leben." Von Ron Smothermon.

Pass auf:

Um dein Problem von außen betrachten und dadurch die Wegbeschreibung aus der Box lesen zu können, musst du dich geistig über die Grenzen der Box erheben. Die gute Nachricht lautet: Das geht!

❗ Praktische Umsetzung

• Hast du dir bereits einen Karton als Symbol für dein Problem zugelegt? Wenn nicht, tu es. Der Trick besteht darin, eine Möglichkeit zu schaffen, um dein Problem von außen betrachten zu können.

• Schreibe dein Problem auf den Innenboden der Box und stell, wenn du möchtest, eine kleine Figur dazu, die dich symbolisiert.

• Nun schau von oben auf das Problem und frage dich: Welchen Rat gebe ich dem Menschen in der Box?

• Sprich mit anderen Menschen über dein Problem, so als wenn es nicht dein eigenes wäre.

• Stell dir vor, du wärst alt, weise und glücklich und ein anderer Mensch mit genau diesem Problem würde zu dir kommen und dich um Rat bitten. Was würdest du ihm empfehlen?

• Suche Menschen, die ein ähnliches Problem bereits gelöst haben. Bitte sie um Rat und höre ihnen zu. Lass es wirken!

• Lies Bücher von Menschen, die schon in einer ähnlichen Box waren und erfolgreich hinausgekommen sind. Lass es wirken!

Platz für deine schlauen Gedanken…
oder deine Fragen… oder eine
verrückte Idee… oder einfach
eine Kritzelei…

Das 5. Axiom

Wenn du glaubst, dein Problem
wäre nicht lösbar, wirst du recht
behalten und dein Problem wird
nicht lösbar sein.

Jedes Problem ist lösbar. Das Einzige, was dich davon abhalten kann, es zu lösen, ist dein Verstand. Er hat eine unsichtbare doch gleichzeitig sehr machtvolle Grenzlinie gezogen zwischen dem, was du für möglich hältst und dem, was du als unmöglich einordnest.

Doch woher bist du dir bei dieser Unterscheidung so sicher? Worauf basiert dein Urteil? Auf deinen Lebenserfahrungen? Wie alt bist du? 20 Jahre? 50 Jahre? 80 Jahre? Wow! Dann weißt du wohl schon ganz viel, meinst du?

Das Leben auf diesem Planeten ist bereits 4,5 Milliarden Jahre alt und es hat noch immer eine Lösung gefunden. Also bilde dir auf deine „Erfahrung" nicht zu viel ein. Lass dein Rechthaben los und öffne dich für ein „Alles ist möglich". Dann wird das Leben dich aus der Box führen. Es wird dir – wie immer – eine simple, elegante Lösung präsentieren, die dich im Nachhinein ehrfürchtig staunen oder selbstironisch schmunzeln lässt.

Wie oft hast du schon erfahren dürfen, dass deine Einschätzung dessen, was in diesem Universum geht und nicht geht, nicht zutrifft?

Weißt du, wie du laufen gelernt hast? Sicher nicht, indem du dich hochgezogen hast und sofort durchs ganze Zimmer getapst bist. Du bist Dutzende, Hunderte Male hingefallen, hast die anderen unfreiwillig zum Lachen gebracht und dir wehgetan. Trotzdem hast du nicht lockergelassen. Du hast dich immer wieder hochgezogen und einen neuen Versuch gestartet. Das Kind von damals hatte einen entscheidenden Vorteil gegenüber dem „vernünftigen" Menschen, der jetzt gerade diese Zeilen liest. Es wusste nichts von „möglich" und „unmöglich". Es wusste nur, dass es gehen will. Versagen war keine Option. Und so konnte es frei mit der unbegrenzten Intelligenz des Lebens kooperieren. Es war ein FreiGeist.

Wer laufen, sprechen und lesen gelernt hat, kann für alles eine Lösung finden. Er ist ein Titan der Evolution. Also steh auf und erinnere dich. Lass dein lächerlich junges Urteil über „möglich" und „unmöglich" fallen und greife es nie wieder auf. Du weißt einfach nicht genug, um dir den Luxus von Pessimismus leisten zu können.

Alles ist möglich.

❗ Praktische Umsetzung

- Wann immer du dich bei dem Gedanken ertappst, dass es für dein Problem keine Lösung gibt, sage dir: „Ich weiß nicht genug, um mir den Luxus von Pessimismus leisten zu können."

- Öffne deinen Geist für die jetzt bereits frei durch den Äther schwirrende Lösung, indem du immer wieder denkst:

„Ich weiß, dass eine elegante Lösung
für mein Problem bereits existiert.
Ich bin bereit, mich von ihr finden zu lassen.
Ich bin bereit zu staunen.
Ich bin bereit zu lauschen.
Alles ist möglich!"

- Und dann beginne alles, was dir nach diesem Gebet begegnet, als Teil der Antwort zu sehen. Du musst die Antwort nicht sofort verstehen. Beginne einfach nur zu lauschen. Schalte um von „Rechthaben" auf „Empfangsmodus".

- Lade einige flexibel und kreativ denkende Freunde zu einer „Befrei-mich-aus-der-Box"-Party ein. Koche ihnen ihr Lieblingsessen. Bereite leckere Drinks vor. Doch bevor ihr anfangt zu schmausen, bitte sie um einen Gefallen. Stell ein Flipchart in den Raum oder lege ein großes Blatt Papier auf den Tisch und schreibe eine Frage darauf: „Wie komme ich so schnell, so leicht und so freudvoll wie möglich aus dieser Box?" Erläutere ihnen kurz dein Problem. Und nun bitte sie, eine Stunde lang mit dir alle Lösungsvorschläge zusammenzutragen, die euch gemeinsam einfallen. Bodenständige, verrückte und auch die Lösungsvorschläge, die erst mal scheinbar gar keinen Sinn ergeben, werden aufgeschrieben. Jede Idee zählt. Wichtig: Zweifel sind in dieser Stunde verboten, denn es geht darum, den Geist zu weiten. Nur Lösungsvorschläge sind erlaubt. Lass dich überraschen. Diese Übung fängt oft zögerlich an und führt im Laufe der Stunde zu einem schöpferischen Feuerwerk. Nach der Stunde könnt ihr nun bei einem leckeren Essen diskutieren, welche der Ideen du wann umsetzt.

Viel Spaß!

Das 6. Axiom

Wenn du dein Problem vollständig und schnell auflösen möchtest, musst du es von einem Standpunkt hundertprozentiger Selbstverantwortung aus betrachten.

Autsch!

Solange du auch nur einen Hauch der Verantwortung für dein Problem an jemand anderen oder einen Umstand abgibst, machst du dich abhängig.

„Erst wenn dieser andere Mensch sich verändert, erst wenn jener Umstand sich wandelt, kann ich mein Problem lösen." Solange du so denkst, leugnest du dein schöpferisches Potenzial.

Du denkst dich in eine Abhängigkeit hinein, die in Wirklichkeit nicht existiert.

Irgendwo und irgendwann auf diesem Planeten hat ein anderer Mensch unter ähnlichen Umständen bereits entschieden, dennoch frei und glücklich zu sein. Warum nicht auch du?

Es sei denn, du bist an *Opferitis Humana*[20] erkrankt, einer sehr weitverbreiteten Sucht. Dann gibt es nur einen Weg in die Freiheit: Gehe auf Entzug. Verzichte radikal auf Jammern, Ausreden und Vorwürfe. Befreie deinen schöpferischen Genius aus den Ketten der Opfersucht.

....

[20] Zu Deutsch: Opfersucht. Opferitis Humana ist die Sucht, sich als Opfer von externen Ursachen zu fühlen. Menschen, die an Opferitis Humana erkrankt sind, haben verlernt, ihr Leben so zu gestalten, wie sie es wirklich wollen. Deshalb fehlt ihnen die Ekstase des freudvollen Erschaffens. Sie suchen sich eine Ersatzbefriedigung, indem sie sich über andere aufregen und sich an äußeren Umständen jammernd reiben. Die Krankheit wurde 1953 fast zeitgleich von dem deutschen Arzt Dr. Jürgen Wachauf und dem chinesischen Biologen Prof. Ying-Wu Schlau-Jetzt entdeckt. Sie wird seitdem von Pharmaindustrie und Politik systematisch totgeschwiegen, da eine kollektive Ausheilung der Krankheit einen katastrophalen Kontrollverlust über Großteile der Bevölkerung zur Folge hätte.

Schuld oder Verantwortung

Schuldgefühle treiben dich tiefer in deine Box hinein – und dabei ist es egal, ob du dir selbst die Schuld gibst oder jemand anderem.
Du musst eine wichtige Unterscheidung treffen: Selbstverantwortung ist nicht dasselbe wie Sich-für-etwas-schuldig-Fühlen.

> *Schuld lähmt.*
> *Verantwortung befreit.*
>
> > *Schuld sucht nach der Ursache für ein Problem, um anzuklagen.*
> > *Verantwortung sucht nach dem Ausweg aus dem Problem,*
> > *um diesen zu nutzen.*
>
> *Schuld will recht haben.*
> *Verantwortung will lösen.*
>
> > *Schuld reagiert (gegen).*
> > *Verantwortung antwortet (dafür).*
>
> *Schuld fragt: „Wer hat mich in diese Box gebracht und warum?"*
> *Verantwortung sagt: „Okay, ich bin hier drin. Wie komme ich so*
> *schnell wie möglich wieder raus?"*

Natürlich geschehen auf diesem Lernplaneten schlimme Dinge – Ungerechtigkeiten, Verbrechen, Kriege, Unfälle, Krankheiten, Katastrophen, Schulden. Viele Faktoren können zu deinem Problem beigetragen haben.
Doch der einzige und zentrale Faktor in dem ganzen Spiel, den du unabhängig von anderen, maßgeblich und radikal beeinflussen kannst, ist dein Bewusstsein.

Deine innere Einstellung ist die stärkste Kraft,
um ein Problem zu lösen!

❗ Praktische Umsetzung

Kein Umstand und kein Mensch haben die Macht, dich leiden zu lassen, wenn es dein Geist nicht erlaubt. *Opferitis Humana* verwandelt deinen freien Geist in einen jammernden, wütenden, schwachen Bittsteller.

- Treibe diese Krankheit aus.
- Schreibe alle Ausreden, die du in deinem Leben benutzt, um nicht glücklich zu sein, auf ein Blatt Papier.

„Ich kann mein Problem nicht lösen,

… weil ich so eine unglückliche Kindheit hatte.
… weil mein Mann nicht mitspielt.
… weil ich keine Zeit habe.
… weil ich nicht genug Geld habe.
… weil ich zu dumm bin.

.... "

- Schreibe alle, wirklich alle Ausreden auf und lies sie dir dann noch einmal langsam durch. Spüre, wie viel Macht du an diese vermeintlichen Gründe abgegeben hast.
  Bist du bereit, diese Macht wieder zu dir zurückzuholen?

- Dann verbrenne die Liste in einer Zeremonie. Spüre, wie die Kraft zu dir zurückkehrt.

- Und nun schwöre dir, für mindestens eine Woche auf alle Ausreden, Anklagen und Schuldvorwürfe zu verzichten.

So weckst du den schöpferischen Genius in dir.

• Übernimm zu hundert Prozent die Verantwortung,
  indem du dich fragst:

  Was habe ICH dazu beigetragen,
  dass ich jetzt in dieser Box sitze?

  Übernimm zu hundert Prozent die Verantwortung,
  indem du dir sagst:

  Die Lösung für mein Problem findet in mir statt.
  Ich bin jetzt bereit, sie in mir zu finden.

  Und wenn dir die Woche guttut?

Mach weiter!

Das 7. Axiom

Dein heutiges Problem war
bis gestern die beste Lösung.
Dafür verdient es Respekt.

Wie schon weiter oben beschrieben, betrachten viele Menschen ihre Probleme wie einen Fehler im System, der nicht hätte passieren dürfen. Was wir dabei oft übersehen, ist, dass sich deine unterbewusste Intelligenz sehr wohl etwas dabei gedacht hat, als es diese begrenzte Box für dich kreierte.

Das, was du dein Problem nennst, ist in Wahrheit ein Meisterwerk deiner unterbewussten Intelligenz. Auch wenn dein bewusster Verstand den gegenwärtigen Zustand ablehnt und ihn als „falsch" beurteilen mag, ergibt er dennoch auf einer tieferen Ebene Sinn. Das, was du heute als deinen Alltag erfährst, inklusive aller „Probleme", ist nicht zufällig entstanden. Es ist die gegenwärtig beste Lösung deines gesamten Systems für die Herausforderungen des Lebens.

Dein bewusster, kommentierender Verstand macht nur einen Bruchteil deiner Intelligenz aus. Der Rest – schlappe ca. 99,99 Prozent – wirkt im Verborgenen. Bildhaft gesprochen gleicht dein bewusstes Denken einem winzigen Kapitän auf dem Deck eines riesigen Schiffes. Hektisch rennt er hin und her und beurteilt das Geschehen. Wenn dein Schiff in die von dir bewusst gewünschte Richtung fährt, nennst du es „richtig". Wenn es sich deinen Kommandos widersetzt, nennst du es „falsch".

Doch was treibt dein Schiff wirklich an? Tief in seinem Maschinenraum (deinem Unterbewusstsein) wirkt eine gewaltige, starke Maschinerie von verschiedenen Lebensintelligenzen: Triebe, Bedürfnisse, Instinkte, Intuitionen, Konditionierungen, uralte Weisheiten – sie alle arbeiten zusammen, um die für dich beste Richtung festzulegen.

Wenn sie dich in diese Box (dein Problem) hineinmanövriert
haben, dann muss dies einen Sinn haben, selbst wenn er sich dir
(noch) nicht erschließt.

Der kleine Kapitän auf Deck kann protestieren so viel er will.
Wenn es ihm nicht gelingt, den Maschinenraum von deinem

Wunsch zur Kurskorrektur zu überzeugen, wird sich langfristig nichts verändern. Er macht sich nur lächerlich. Wie wild reißt er das Steuer herum, doch sobald er einmal kurz einschläft, manövriert sich das Schiff wieder in die alte Fahrrinne zurück.

Kommt dir das bekannt vor? Wo und wie kämpfst du hart darum, dich zu verändern, und landest doch immer wieder in der alten Fahrrinne?

Beispiele:

Du ringst um Erfolg. Doch wenn dein Unterbewusstsein beschlossen hat, dass Erfolg gefährlich für dich sein könnte, wird es ihn sabotieren.

Du sehnst dich nach Nähe. Doch wenn du durch Nähe in früher Kindheit tief verletzt wurdest, hat dein Maschinenraum vielleicht beschlossen, dich immer wieder aus möglicher Nähe wegzumanövrieren.

Für echten, nachhaltigen Wandel musst du
mit deinen unterbewussten Intelligenzen
kooperieren. Das heißt an erster Stelle:
Du musst sie respektieren.

Erst wenn es dir gelingt, dein Unterbewusstsein davon zu überzeugen, dass da draußen eine bessere Lösung für dich existiert, wird es das Problem loslassen.

❗ Praktische Umsetzung

Schritt 1

Erkenne zuerst die Weisheit deines Systems (deines Maschinenraums) an und finde den tieferen Sinn deines Problems heraus. Es ist kein Fehler! Es ist deine bisher beste Antwort auf das Leben. Dein Problem ist NICHT zufällig in deinem Leben. Der alte Kurs, der dich in die Box hineingesteuert hat, muss dir etwas gebracht haben. Er hat bestimmte Vorteile für dich und beschützt dich vor potenziellen Gefahren außerhalb der Box.

Frage dich:

- Wovor schützt mich mein Problem? Was könnte (theoretisch) alles geschehen, wenn ich mein Problem verlasse? Liste alle möglichen negativen Effekte auf. Spüre beim Schreiben, welche für dich eine echte Ladung besitzen.

- Was schenkt mir mein Problem? Liste alle angenehmen Nebeneffekte deines Problems auf. Spüre beim Schreiben, an welchen du besonders hängst.

Schau noch einmal auf dein Problem. Sieh es nicht als Fehler, sondern als Werk deines unterbewussten Genies. Erkenne seine guten Absichten an.
Schließe dann deine Augen und sage laut zu dir: „Ich bin nun bereit, eine noch bessere Lösung für mein Leben zu finden."
Öffne deine Augen und geh zu Schritt 2 über.

Schritt 2

Mach deinem Unterbewusstsein nun die Welt außerhalb deiner Box schmackhaft.

- Entkräfte alle potenziellen Gefahren. Die Wahrheit ist, dass Leben niemals sicher ist. Weder in der Box noch außen. Finde für die Befürchtungen deines Unterbewusstseins Antworten, die dich beruhigen.

- Mach dir selbst die Vorteile innerhalb der Box total madig. Das erreichst du, indem du dir lebhaft vorstellst, wie öde dein Leben verlaufen wird, wenn du weitere zehn Jahre in der Box ausharrst. Stell dir diese Zukunft in allen Einzelheiten vor, bis dir schlecht wird oder du vor Schmerz aufschreist.

- Liste alle Vorteile auf, die die Welt außerhalb der Box (also ohne dein Problem) für dich bietet. Spüre beim Schreiben, welche davon dich besonders stark motivieren. Male dir diese in lebhaften Farben aus, bis du deine Sehnsucht nach einem Leben außerhalb der Box ganz stark fühlen kannst.

Das 8. Axiom

Die Pflaume fällt vom Baum,
wenn sie reif ist.

Dieses Axiom kann dir tiefe Entspannung schenken
… oder dich sehr ärgern. Am besten, du entscheidest dich,
bevor du weiterliest.

Wenn du diese Tatsache richtig verstehst, kannst du ...

- ○ in bestimmten Phasen deines Lebens endlich aufhören, so zu tun, als wärest du schon für Veränderung bereit.
- ○ das, was ist, besser annehmen und (ja, warum nicht!) sogar genießen.
- ○ das Misstrauen deinem natürlichen Reifeprozess gegenüber auflösen.
- ○ den Widerstand gegen eine unmittelbar anstehende Veränderung loslassen.
- ○ dich dem permanenten Wandel tiefer hingeben.

Probleme sind Lernstationen. Egal, wie sehr du gegen sie wetterst und fluchst – auf einer tieferen Ebene lehren sie dich etwas. Und letztendlich werden sie dich stärken und beschenken. Probleme verlassen dich, wenn ihr Entwicklungspotenzial ausgeschöpft ist.

Solange du noch etwas daran lernen kannst oder eine verborgene Befriedigung daraus ziehst, wird dein Problem bestehen bleiben. Es wechselt vielleicht ab und zu die Form, so wie du manchmal eine Sucht gegen die andere tauschst oder einen nervigen Beziehungspartner gegen den nächsten, doch das geistige Grundmuster deines Problems bleibt dir erhalten, bis die Pflaume reif ist. (Da kannst du dir und uns noch so begeistert vormachen, du wärest für Veränderungen bereit.)

Und hier kommt das Ego ins Spiel.[21]

Lass uns zwei interessante Eigenarten des Ego-Programms näher beleuchten:

1. Das verborgene Lustprinzip des Egos

Das Ego-Programm eines Menschen bezieht sein Identitätsgefühl aus der Grundwahrnehmung von Trennung gegenüber dem Rest des Universums. Keine Trennung, kein Ego. In Wahrheit aber gibt es diese Isolierung nicht; alles ist immer mit allem verbunden und alles wirkt immer auf alles ein. Und genau das macht dem Ego Angst, denn durch diese Wahrheit sieht es sich – zu Recht – in seiner Existenz bedroht. Also erzeugt es permanent Gefühle, die die Idee der Trennung bestätigen. Es kreiert Situationen, in denen es sich am Rest der Welt reiben und dagegen kämpfen kann. Ja, es zieht eine geheime Befriedigung aus dem Widerstand gegen den natürlichen Fluss von allem.

Etwas anzüglicher formuliert klingt das so: Ein Problem wirkt wie ein Vibrator für dein Ego. Es kann sich endlos daran reiben, aufgeilen und sich so Egodramorgasmen besorgen.

....

[21] Hier eine kurze, sehr pragmatische Definition des Begriffs Ego: Ego (griech. und lat. für „Ich") ist der Sinn für das Selbst, die Erfahrung einer ICH-Identität. Die Basis dieser Identität ist die Idee, ein Jemand zu sein, abgegrenzt vom Rest der Welt. Aus diesem Kerngedanken entsteht im Laufe der Zeit ein mehr oder weniger starres Programm von Denk-, Fühl- und Verhaltensstrategien, mit dem Ziel, das optimale Überleben dieses isolierten Jemands in einem Körper zu sichern und das Gefühl der Besonderheit aufrechtzuerhalten.

Wahrscheinlich denkst du gerade, bei dir wäre das alles ganz anders und du könntest nichts Anziehendes an deinem Problem finden?

Nun, du musst schon sehr selbstkritisch und aufmerksam hinschauen, um den Lustfaktor daran zu entdecken. Setze bitte in diesem Fall „Lust" nicht mit „angenehm" gleich. Für dein Ego ist es egal, ob die Erregung positiv oder negativ ausgelöst wird – Hauptsache, es darf sich getrennt vom Universum fühlen. Für das Ego gilt: Widerstand ist sexy!

Bist du bereit für die Enttarnung? Dann beobachte dich selbst etwas schonungsloser, wenn du das nächste Mal in einem Streit landest, dich wieder einmal selbst nicht leiden kannst, dich wegen irgendetwas aufregst o. ä. Ja, na klar, oberflächlich leidest du. Doch tief darunter genießt dein Ego den Reibungspunkt.[22]

2. Jedes Ego möchte gut dastehen

Kein Ego will, dass seine geheime Selbstbefriedigung an Problemen auffliegt. Es will gut dastehen. Es möchte schlau, veränderungsbereit und kooperativ wirken.

Wer von uns gibt schon gern zu, dass er einen Gewinn aus seinen Neurosen zieht? Also verbringen wir viel Zeit damit, uns selbst

....

[22] Du findest es immer noch empörend und falsch, was hier steht? Zeit, auf S.14 zu gehen und Punkt 4 zu lesen?

und anderen einzureden, dass wir reif und entschlossen seien, unser Problem zu lösen. Wir beklagen uns über das Problem. Wir strengen uns scheinbar irre an, um es loszuwerden. Wir stellen täglich neue Vorhaben auf. Wir entwickeln Lösungsstrategien. Wir lassen uns therapieren. Wir tun sehr viel, um es loszuwerden, um dann, im entscheidenden Moment, auf eine Ehrfurcht gebietend raffinierte Weise doch dafür zu sorgen, dass das Problem bleibt.

Ist dir noch nie aufgefallen, dass du manchmal über Jahre hinweg verbissen mit einem Problem ringst – mal ist es weg, dann kommt es wieder –, um es dann plötzlich, in einem Augenblick, leicht und locker loslassen zu können? Meistens merkst du es nicht einmal, wenn es geht. Du wachst eines Morgens auf und dir fällt auf, dass dir das Problem schon seit Wochen nicht mehr begegnet ist. Ja, rückblickend verstehst du oft nicht einmal mehr, worin denn das Problem überhaupt bestanden hat. Es hat sich still und leise aus deiner Realität verabschiedet.

Dein Problem
als Kunstwerk.

Wann hast du das letzte Mal etwas gezeichnet? Hier ist Platz.
Male dein Problem als eine Pflaume oder eine andere Frucht …
lass deiner Fantasie freien Lauf …

❗ Praktische Umsetzung

Probleme verlassen dich nur in bestimmten Entwicklungsstadien. Sie müssen *reif* sein.

Du willst wissen, ob du die Reifung beschleunigen kannst?

Ja. Nicht durch Anstrengung, sondern durch Ehrlichkeit und Bewusstheit.

Kämpfe nicht mehr gegen das Problem an, rede es aber auch nicht schön. Nenne es präzise beim Namen. Gestehe dir und anderen Menschen gegenüber ein, dass du feststeckst.

- Erforsche, was du aus diesem Problem lernen kannst. Schreibe die Lektionen auf ein Blatt Papier. Überprüfe ehrlich, ob du für jede von ihnen schon bereit bist. Wenn nicht, ist das nicht schlimm. Dann gib dir selbst gegenüber ehrlich zu:
  „Ich bin im Augenblick noch nicht bereit, diese Lektion anzunehmen."

- Analysiere schonungslos-ehrlich, was dir dein Problem auf einer tieferen Ebene an Befriedigung bringt. Bist du bereit, darauf zu verzichten? Mach dir selbst nichts vor. Wenn du noch festhängst, hängst du fest.

Vielleicht ist es Zeit aufzuhören, so zu tun, als wenn du dein Problem vollständig weghaben willst. Wenn du noch nicht bereit bist, es loszulassen, frag dich stattdessen, ob du die Zeit, bis es sobweit ist, nicht wenigstens genießen kann.

Doch rede dir dein Problem auch nicht schön. Nimm auch seine Schattenseiten so bewusst wahr wie möglich. Anstatt permanent darüber zu reden (was oft eine Ablenkung ist), spüre mehr. Welche unangenehmen Emotionen sind mit deinem Problem für dich verbunden? Fühle sie nackt. Ohne Puffer. Fühle den Schmerz, die Trauer, die Wut, den Ekel, die Ohnmacht so intensiv wie möglich. Bewusstsein ist Leben. Je bewusster du deinen Ist-Zustand erlebst, desto schneller wird die Pflaume reifen.

Das 9. Axiom

Es gibt immer eine Lösung.

Auch wenn diese Aussage banal klingt: Sie ist essenziell. Denn wie oft vergeudest du deine Zeit, um über die Unlösbarkeit deines Problems zu jammern, anstatt dich zu entspannen und der Frage zu folgen: „Ich weiß, dass es die Lösung gibt. Was kann ich heute tun, um mich von ihr finden zu lassen?"

Sätze wie: „Ich weiß es nicht. Ich kann es nicht. Es geht nicht." sind Boxgedanken. Dein eingesperrter Geist läuft verzweifelt wieder und wieder die Ecken seines inneren Gefängnisses ab. Du strengst dich so sehr an. Du grübelst, du zweifelst, du denkst hin und her, vor und zurück, doch du findest hier – in der Box – einfach keine Lösung!
Na und?

Heißt das, dass es keine Lösung gibt?
Nein.

Es bedeutet simpel, dass die vielleicht zehn Ideen, die du derzeit in deinem Verstand finden kannst, nicht ausreichen, um das Problem zu lösen. Doch da draußen, außerhalb der kleinen Hutschachtel deines begrenzten Wissens, existiert ein Meer von Möglichkeiten. Tausende von anderen Perspektiven und Ideen in den Köpfen anderer Menschen, die du fragen könntest. Millionen von noch ungeborenen Lösungen, die darauf warten, endlich von einem offenen Geist empfangen zu werden.

**Hinter Pessimismus verbergen sich Arroganz
und schöpferische Faulheit.**

1000

Möglichkeiten,

die du
noch nicht kennst

119

Arroganz, weil du dir anmaßt zu wissen, dass es für dein Problem keine Lösung gibt.

Schöpferische Faulheit, weil es oft einfacher ist, über die scheinbare Hoffnungslosigkeit einer Situation zu lamentieren, als deinen Geist auf eine konstruktive Frage auszurichten und dann auf Lösungsempfang zu schalten.

Wenn das Leben genauso faul wäre, würdest du nicht diese Zeilen lesen. Es gäbe keine Evolution, und du wärest immer noch eine Amöbe.

Leben bedeutet, Lösungen zu finden.

Du weißt nie genug, um dir den Luxus von Pessimismus leisten zu können. Da draußen gibt es ein Meer von ungeahnten Möglichkeiten.

❗ Praktische Umsetzung

Finde die richtige Frage.

Fokussiere dich darauf.

Entspanne deinen Geist.

Gehe auf Empfang.

Bitte um Hilfe.

Denk um die Ecke.

Denk verrückt.

Stell dich auf den Kopf.

Besuche einen Buchladen. Wähle mit geschlossenen Augen ein Buch aus. Schlage willkürlich eine Seite auf und lies sie.

Geh spielen.

Hab Sex.

Iss Spaghetti mit den Händen.

Lass deinen Stolz los.

Bitte um Hilfe.

Sprich mit fremden Menschen über dein Problem.

Wer hat schon einmal ein ähnliches Problem gelöst?

Wenn du dich in deiner Box verrannt hast, halte inne.
Atme tief durch.
Werde still.

Erinnere dich: DU bist nicht die Box.
Du hast sie höchstens an der Backe.
Was auch immer sich gerade vor dir aufzutürmen scheint,
DU bist immer größer als das.

Das 10. Axiom

Du weißt immer, was zu tun ist.

Du kannst heute nicht wissen, wo du in zehn Jahren sein wirst und wie du dahin kommst. Doch du weißt immer, was JETZT, in diesem Augenblick gut für dich ist. Du kennst immer mindestens den einen, nächsten Schritt.

Ob du ihn gehst, ist eine andere Frage. Aber hör auf, dir selbst einzureden, du wüsstest nicht weiter! Wenn du dich dumm stellen willst, um in der Masse nicht aufzufallen, ist das okay. Das ist dein gutes Recht. Doch spiel das Spiel nicht zu lange, denn irgendwann glaubst du es dir selbst und dann ... ja, dann hast du ein Problem.

Woher sind wir uns, was deine Intelligenz betrifft, so sicher?

Weil du atmest und weil du jetzt gerade diese Zeilen liest.

Im Vergleich zu diesen komplexen Vorgängen (Atmen, Lesen, Kommunizieren, Verstehen) ist dein Problem ein klitzekleiner Fliegenschiss.

Dein Gehirn ist das komplexeste und intelligenteste System in dieser Milchstraße. Die Länge aller Nervenbahnen deines Gehirns beträgt ca. 5,8 Millionen Kilometer. Es besteht aus ca. 100 Milliarden Nervenzellen, eine schier unvorstellbare Zahl. Zum Vergleich: Unsere gesamte Galaxie hat ungefähr so viele Sterne. Jede einzelne Nervenzelle ist mit etwa 1.000 anderen Nervenzellen vernetzt. Wenn wir die möglichen Kombinationen der Verbindung deiner Nervenzellen untereinander in eine Zahl fassen würden und du hättest den Auftrag, alle Nullen dieser Zahl auf ein Blatt Papier zu schreiben, bräuchtest du dafür 75 Jahre! Die Anzahl aller Elementarteilchen in unserem Universum beträgt 1079. Die Anzahl der Wahrnehmungs- und Bedeutungsinhalte, die dein Gehirn speichern kann – zum Beispiel Bilder, Düfte, Worte –, liegt bei 10150! Deine biologische Superintelligenz lässt in jeder einzelnen Sekunde ungefähr 10 Millionen Zellen deines Körpers sterben, erzeugt 10 Millionen neue Zellen und arbeitet sie permanent ein.

Fragst du dich, was all diese Zahlen bedeuten? Sie sind der Beweis dafür, dass in dir eine unfassbar schlaue Intelligenz am Werk ist.

Außerdem hast du das Wissen und die Weisheit der gesamten Menschheit immer nur ein paar Mausklicks von dir entfernt. Ist dir klar, was das bedeutet? Irgendwo da draußen gibt es einen Menschen, der schon einmal genau dasselbe Problem hatte wie du und der es gelöst hat. Wenn du deinen Stolz überwindest und beginnst, andere zu fragen und auch wirklich zuzuhören, kannst du auf eine unermesslich große Lösungsdatenbank zugreifen.

Außerdem verfügst du über die Fähigkeit, still zu werden und dich von deiner Intuition führen zu lassen. Auf deinem intuitiven Kanal ist die pulsierende Intelligenz deiner Zellen IMMER mit dem gesamten kosmischen Netzwerk des Lebens verbunden. Dein oberflächlicher Gedankenlärm mag dich manchmal davon ablenken, doch dein Körper spürt immer, ob das, was du jetzt gerade tust, das Leben stärkt oder schwächt.[23]

....

[23] Diese Tatsache wird in kinesiologischen Tests benutzt. Die Muskeln des Körpers reagieren schwach auf schwächende Substanzen und Themen und stark auf stärkende.

Die Frage ist also nicht, ob du schlau bist.
Die Frage ist, ob du es zugibst.

Warum solltest du dich überhaupt dumm stellen?

Weil andere es dir so lange eingeredet haben,
bis du es geglaubt hast.
Weil es sicherer ist, mit den anderen zu heulen,
als dich in deiner Klarheit sichtbar zu machen.
Weil Wissen auch bedeutet, sich den daraus sich ergebenden
Konsequenzen stellen zu müssen.
Weil du nicht mehr ernsthaft über deine Situation jammern kannst,
wenn du dir eingestehst, dass du IMMER den
nächsten Schritt kennst.
Weil dich die Erkenntnis deiner Schlauheit mit einer
schwindelerregenden Frage konfrontiert:

....

Wer könntest du sein, wenn du endlich aufhörtest, dich dumm zu stellen?

....

Wenn du beginnst, deinem Wissen, deiner Weisheit und deiner
Intuition zu vertrauen.

Wenn du aufhörst zu zögern, sondern losgehst. Heute, morgen,
übermorgen. Jetzt.

Wird dein Leben dadurch sicherer?
Nein.

Wird es aufregender?
Darauf kannst du wetten.

❗ Praktische Umsetzung

Wenn du heute irgendwo festhängst, bleibe stehen, schließ deine Augen, sprich leise die folgenden Sätze und vervollständige sie, ohne nachzudenken:

Wenn ich jetzt genau wüsste, was gut und was schlecht für mich ist, dann ...

Wenn ich genau wüsste, was jetzt der nächste Schritt für mich ist, sähe er ... aus.

Wenn ich keine Angst vor Fehlern und anderen Konsequenzen hätte, dann würde ich jetzt ...

Ha!

Fang jetzt gleich damit an!

Stelle eine Frage und schreibe die erste Antwort,
die in dir aufsteigt, ohne zu zögern auf. Lass dich überraschen.

Das 11. Axiom

Wenn du die Box deines Problems
endlich verlassen hast, bist du …
in der nächsten Box!

Das größte Problem, das du dir an Land ziehen kannst, ist der Wunsch nach einem problemlosen Leben.

Viele Menschen hoffen, den magischen Lichtschalter zu finden: Einmal angeknipst, bleibt ihr Leben für immer hell.

Wenn ich eine Million Euro habe ...
Wenn ich meinen Seelengefährten finde ...
Wenn ich erleuchtet bin ...
... dann sind all meine Probleme gelöst.

Guten Morgen!

Die einzigen Menschen, die keine Probleme mehr haben, sind tot.

Der Begriff Problem kommt vom lateinischen Wort *problema*, was so viel heißt wie: das Vorgeworfene, die gestellte Frage, etwas, was zur Lösung vorgelegt wurde.

Gab es je einen Tag, an dem du nichts zur Lösung vorgelegt bekommen hast? Leben bedeutet, ein Problem vorgesetzt zu bekommen, sich damit auseinanderzusetzen und es zu lösen. Nur um es unmittelbar darauf gegen ein neues, komplexeres Problem eingetauscht zu bekommen. Ob aus Weisheit oder purer Verzweiflung – finde dich damit ab:

- ○ Am Leben zu sein bedeutet, Probleme zu haben.

- ○ Wenn du eine Box verlässt, bist du in der nächsten.

Diese Erkenntnis schützt dich auch vor dem Rechthaben.

Weißt du, warum Menschen streiten und Kriege führen? Weil sie immer und immer wieder der Illusion erliegen, sie hätten recht. Weil sie glauben, der Ort der Erkenntnis, an dem sie angekommen sind, wäre die Endstation. Aber egal, wie eng oder weit, verwirrt oder klar du dein Leben gerade erfährst: Dieser Moment ist nur eine weitere Durchgangsstation auf deiner Reise ins Erwachen.

Tritt zurück und staune.

Sieh die Menschheit seit Anbeginn aller Zeiten – erwachend, forschend, leidend, kämpfend, liebend. Wenn es dir möglich ist, erschaffe vor deinem inneren Auge ein schemenhaftes oder sehr konkretes Bild der Billionen von Menschen, die je gelebt haben, die heute leben und die noch leben werden.

Stelle dir all diese Wesen jedoch nicht in einer Reihe oder auf einem Haufen vor, sondern angeordnet auf einer gigantischen universellen Spirale, einer nach oben geöffneten, sich immer weiter ausdehnenden Spirale des Bewusstseins. Auf den ersten, oberflächlichen Blick wirken alle Menschen gleich. Doch wenn du aufmerksamer schaust, entdeckst du eine erstaunliche Tatsache: Zwei Menschen, die örtlich direkt nebeneinander stehen, können dennoch in zwei völlig verschiedenen Welten (Boxen) leben.

Jede Ebene der Spirale hat ihre eigene Perspektive, die dein Selbstverständnis, deine Vorstellungen vom Sinn des Lebens, von Arbeit, Moral oder Gemeinschaft neu prägt.

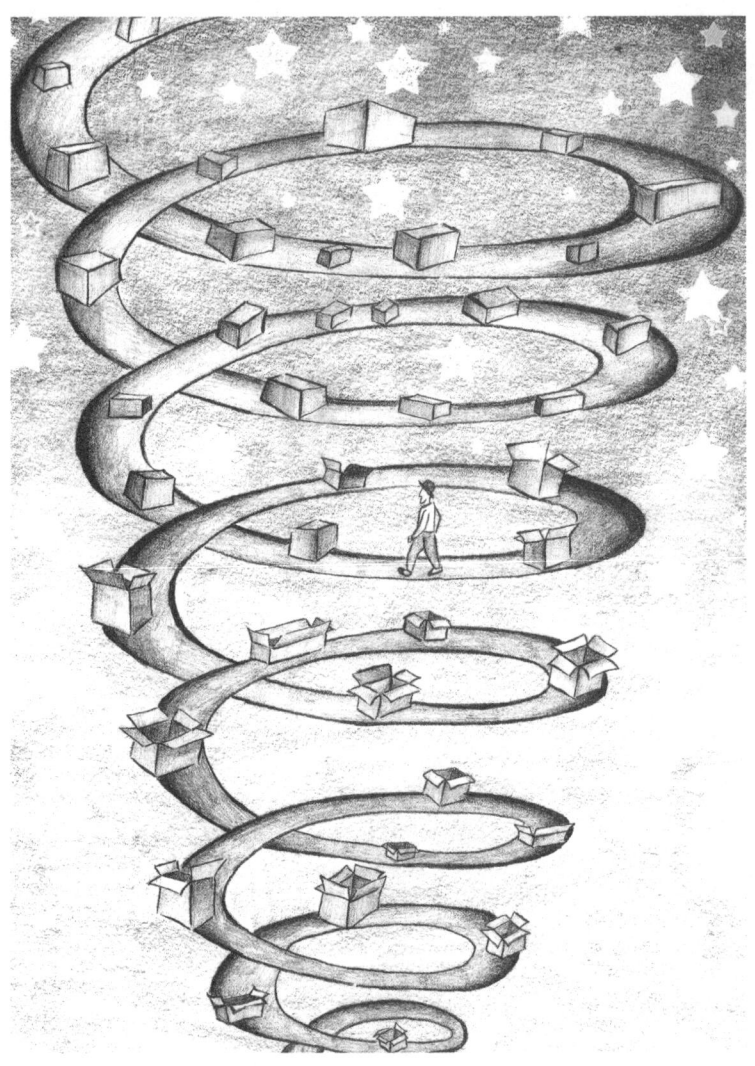

Keine Ebene ist besser als die andere. Doch während du dich entwickelst, erweitert sich dein Verständnis davon, wer du bist. Du kannst mehr Phänomene integrieren, statt sie zu bekämpfen. Du denkst offener und flexibler. Du gehst wacher, achtsamer, ekstatischer durch das Leben.

Der Aufwärtsstrom der Spirale ist der Weckruf deines eigenen Selbst. Du erinnerst dich immer mehr daran, wer du wirklich bist. Jede Ebene hält ihre speziellen Boxen in Form von Herausforderungen, Problemen und Fragen für dich bereit. Jede Ebene lehrt dich etwas über dich. Indem du sie meisterst, wirst du freier und stiller.

Es ist also töricht, auf ein Ende aller Probleme zu hoffen. Beginne, sie zu genießen. Denn jedes birgt ein Geschenk. Und nach dem Auspacken ... kommt das nächste.

Ein Blick auf die Spirale deiner Entwicklung macht dir auch deutlich, wie absurd es ist, recht haben zu wollen. Denn Rechthaben bedeutet, die geistige Box, in der du dich derzeit befindest, mit der absoluten Wirklichkeit zu verwechseln.

Für diese Täuschung bist du besonders anfällig, wenn du gerade die Mauern einer zu eng gewordenen Box gesprengt hast. Dieser Moment fühlt sich frei, frisch und richtig an. Wahrscheinlich glaubst du, nun endlich alles verstanden zu haben. „Ja, ja", schmunzelt die Evolution. Denn sie weiß: Auch das, was du jetzt als klar, eindeutig und wahr erlebst, ist nur eine weitere Box. Größer als die vorherige, das wohl. Doch auch sie wird dir irgendwann zu eng werden.

Anfangs wirst du die neue Etappe neugierig erkunden, wirst dich in ihr austoben. Sie wird dir unendlich weit vorkommen. „Das ist ganz sicher keine Box!", wirst du denken.

Genieße diese Phase. Doch sei nicht traurig, wenn sich irgendwann die Vorboten des nächsten Wandels ankündigen: Unruhe, Enge, Sehnsucht, Frust. Dein Bewusstsein hat sich erneut so weit ausgedehnt, dass auch die Wände dieser Box näher rücken. Was dir gestern als die glorreiche Endstation deiner Reise erschien, wird heute zum nächsten Hindernis. Die Lösung von gestern ist dein Problem von heute.

Hör auf, alles so persönlich zu nehmen. Gönne dir einen entspannten Blick aus einer weiteren Perspektive. Deine Probleme kommen und gehen nicht einfach so. Sie folgen einer natürlichen Weisheit. Schau genau hin und du wirst – verborgen unter dem scheinbaren Chaos – einen universellen Rhythmus erkennen. Die Spirale deiner Entwicklung atmet und bringt dich dabei immer mehr zur Welt.

Jedes Problem ist eigentlich eine Geburt. Und jede dieser Geburten besteht beim genaueren Hinsehen aus fünf Phasen:

1. Phase: Ankommen

Du bist frisch in einer neuen Box angekommen, doch du nimmst sie noch nicht als Box wahr. Du fühlst dich wie der Eroberer einer neuen Welt. Du hast gerade eben die Begrenzungen der alten Box hinter dir gelassen. Alles fühlt sich frisch, weit und aufregend an. Das sind die Abschnitte in deinem Leben – und vielleicht bist du just mittendrin –, in denen du denkst: „Ich hab es! Endlich verstehe ich alles. Ich weiß, wo es langgeht. Endlich habe ich die passende Landkarte für mein Leben gefunden." Du genießt die neu gewonnene Freiheit und Klarheit. Voller Begeisterung erzählst du den anderen von deinen Siegen und wichtigen Erkenntnissen. Wenn sie dir gegenüber andeuten, dass das, was du gerade erlebst, auch nur eine Box ist und dass sie Probleme mit sich bringen wird, kannst du nur milde lächeln. Denn du weißt ja jetzt, worauf es ankommt.

Falls du dich gerade in solch einer Ankommensphase befindest: Genieße sie. Nimm deine Finger aus dem Getriebe, störe so wenig wie möglich den harmonischen Lauf der Dinge und ruhe dich aus. Stärke dich. Denn irgendwann wird es wieder eng …

2. Phase: Enge

Wenn man es kindlich betrachtet, könnte man an dieser Stelle trotzig ausrufen: „Das Leben ist gemein!" Denn just in dem Moment, in dem du es dir in deiner Box so richtig gemütlich gemacht hast und selbstzufrieden Pläne für den Rest deines Lebens schmiedest, wird es eng. Diese Phase ist unangenehm, denn die Box, in der du sitzt, passt nicht mehr, doch ein Ausgang ist nicht in Sicht.

Du spürst den Wandel nahen, doch du hast noch keine Ahnung, wohin er dich führen wird. Du spürst eine innere Unruhe, einen unbestimmten Frust, doch du kannst dir nicht erklären, woher sie kommen. Deswegen versuchst du, die Anzeichen der anstehenden Veränderung zu ignorieren. Du lenkst dich ab. Du betäubst dich. Du redest dir deine heißgeliebte Box schön. Intuitiv spürst du, dass wieder einmal Loslassen ansteht. Doch du willst es nicht wahrhaben.

Wenn du dem Leben nicht vertraust, kann sich die Phase der Enge über Jahrzehnte hinziehen. Manche Menschen sterben eng. Sie krallen sich an dieser Box bis zum ultimativen Showdown fest. Wenn du kein ruhiges Zentrum in dir gefunden hast, erlebst du Veränderung als bedrohlich. „Da draußen" lauern Unsicherheit und Ungewissheit. Deine Box – egal wie frustrierend eng sie ist – ist auch deine sichere Trutzburg. Du beginnst, deine Probleme zu verteidigen. Das würdest du niemals offen zugeben, doch jeder, der dir schon einmal engagiert und aufmerksam eine Lösung angeboten hat, stellt fest, dass du sie gar nicht willst. Noch nicht. Noch hast du zu viel Angst, die Kontrolle zu verlieren und ins Chaos zu stürzen. Du hast dich an die trügerische Sicherheit deiner Box gewöhnt.

Doch es hilft nichts. Irgendwann kommt der Moment, in dem das Leben an deine Tür klopft und sagt: „Es reicht. Es ist Zeit loszulassen und zu wachsen." Und ob du willst oder nicht: Dann setzen die Wehen ein …

3. Phase: Wehen

Physische Geburtstage werden überbewertet. Ein wacher Mensch wird täglich neu geboren. Ja, okay, damals erblicktest du das Licht dieser Welt und das Spiel begann. Doch der Eintritt deines Fleischklöpschen in diese Sphäre bedeutet noch lange nicht, dass du wirklich lebst. Manche Menschen sind da, aber irgendwie doch nicht da. Weißt du, was wir meinen? Ein lebendiges Leben bietet nach der physischen Ankunft jede Menge Gelegenheiten für weitere Geburten. Schau dir dein Leben an. Bist du wirklich nur einmal geboren worden? Oder musste dein altes, kleines, begrenztes Ich nicht Dutzende Male sterben, um Raum zu geben für eine freiere, größere Version deines Selbst? Leben hat keinen einfachen Anfangs- und Endpunkt. Es besteht aus einer Aneinanderreihung von Toden und Geburten. Bis zum Schluss, bis zum Ende des Spieles bist du eingeladen, noch mehr, noch bewusster zu inkarnieren.

Die Enge deiner schlimmsten Probleme sind die Presswehen deiner nächsten Geburt.

Diese Wehen werden oft unfreiwillig durch Krisen eingeleitet. Egal, wie lange sich die Phasen des Ankommens und der Enge hingezogen haben, wenn das Leben will, dass du aus deiner Box hinauswächst, wird es dich schmerzhaft mit den Grenzen deines gegenwärtigen Ist-Zustands konfrontieren: Dein Partner verlässt dich. Du wirst schwer krank. Du wirst in jenem Job gefeuert, in dem du zwar seit Jahrzehnten unglücklich warst, doch eigentlich bis zur Rente durchhalten wolltest. Die Phase der Wehen ist gekennzeichnet durch Chaos, äußere und innere Wirbelstürme. Starke Emotionen beuteln dich. Du befindest dich mitten im Orkan. Und … du öffnest deine Hände. Du öffnest deinen Geist. Du betest nun endlich selbst um eine Befreiung aus der Box. Na, siehst du, geht doch!

4. Phase: Scheingeburt

Licht. Stille. Freude. Du hast es geschafft!
Oder?

Achtsamkeit ist geboten. Manchmal folgt nach dem ersten Durchbruch noch einmal ein Rückfall. Während dieser Phase spürst du oft eine überschäumende Euphorie. Du hast eine kleine Erkenntnis, schaust kurz über den Rand deiner Box, veränderst ein paar Dinge und denkst: „Endlich bin ich raus! Jetzt hab ich es geschafft. Ist noch mal gut gegangen."

Aber, leider, leider verpufft die Aufbruchsstimmung oft genauso schnell, wie sie gekommen ist. Du fällst zurück in die alte Box. Bestimmte Hausaufgaben sind noch nicht erledigt! Jetzt wird es noch einmal richtig eng. Kämpfe nicht dagegen an, sonst wird es nur schlimmer. Halte den Geist wach, dein Herz offen und den Bauch weich. Die gute Nachricht: Der Ausgang ist gewiss. Die Box, in der du dich gerade befindest, ist niemals die Endstation! Leben ist Bewegung. Du wirst auch aus dieser Box natürlich herausreifen.
Also kämpfe nicht gegen die Wände, gegen die Enge, gegen das Chaos. Akzeptiere diese Phase der Geburt. Atme weiter, möglichst sanft, und du erlebst unweigerlich die nächste Phase der Schöpfung.

5. Phase: Geburt

Licht! Weite! Jetzt ist die alte Box wirklich verschwunden. Du agierst entspannter. Du kannst wieder lachen. Dein Bewusstsein dehnt sich aus. Du verstehst tiefer und komplexer. Du kannst wieder mehr Herausforderungen des Lebens meistern. Das, womit du dich gestern noch identifiziert und weshalb du gelitten hast, „hat" dich heute nicht mehr.

Und jetzt? Nun, du kommst, wieder einmal, in der nächsten Box deiner Entwicklung an, und der Kreislauf beginnt von vorn.

Wenn du die brillante Intelligenz dieser Problem-Lösung-Problem-Lösung ...-Geburten noch nicht verstanden hast, entgeht dir natürlich die Freude am Spiel. Bockig fragst du dich: *Warum kann ich mich nicht mit einem Mal aus allen Boxen befreien?*

Erstens würde dich ein radikales Erwachen total überfordern. Es würde dich traumatisieren, anstatt zu befreien.

Zweitens wolltest du es selbst[24] so. Du wolltest das Spiel genießen. Deshalb wirst du über viele Etappen hinweg langsam wieder aufgeweckt.
Deshalb bekommst du maßgeschneiderte Probleme vorgesetzt. Sie sind immer ein klein wenig zu groß für die Version deiner Selbst, an die du gerade glaubst. Sie sorgen dafür, dass du nicht auf halber Strecke einschläfst. Sie verhindern, dass du dich mit Halbwahrheiten über dich zufriedengibst.

....

[24] Und selbst wenn du uns das jetzt noch nicht glaubst, macht es Sinn, einfach mal von dem Punkt zu kommen: „Was wäre, wenn es tatsächlich so wäre ..." Glaube uns, es lebt sich so einfach entspannter.

Außerdem verbirgt sich in diesem Axiom eine wirklich gute Nachricht: Egal wie eng, verfahren oder aussichtslos dir dein gegenwärtiges Problem vorkommt: In der Zukunft existiert es garantiert nicht mehr. Du wirst darüber hinauswachsen, weil es das Leben so will. Die Frage ist also nicht, ob du ein Problem hast – du hast immer eins. (Selbst wenn du es noch nicht merkst.) Die Frage ist:

....

Kannst du beginnen, das Problem, das du gerade hast, bewusst und entspannt zu genießen?

....

> **! Praktische Umsetzung**
>
> Hör auf, nach einem problemfreien Leben zu suchen.
>
> Genieße das Problem, das du gerade hast.
> Danach kommt ein neues.
>
> *Enjoy the game!*

Welche Ideen, dein
Problem zu genießen,
fallen dir ein:

Das 12. Axiom

Du bist immer größer als
dein Problem.

Achtung! Dieses Axiom mag wie ein Widerspruch zu dem vorherigen klingen. Doch beide sind wahr. Also lies das Folgende möglichst entspannt.

Wenn es stimmt, was in diesem Buch steht – und davon musst du ausgehen, damit es seine Wirkung zeigt –, dann hat sich dein Bewusstsein in einem Traum verfangen.

Du starrst auf dein Problem und du denkst, es sei echt. Du benutzt es wie ein Pendel oder eine Kerze bei einer Hypnose. Du konzentrierst dich so stark darauf, dass alles andere drumherum verschwindet. Je stärker du dich auf dein Problem fixierst, desto größer und unlösbarer erscheint es dir. Die Wände der Box werden immer höher. Du glaubst den selbst erdachten Begrenzungen und kreierst passende Gefühle dazu. Dadurch erfährst du deinen Traum als verdammt real. Die Box fühlt sich so echt an, dass du jeden, der etwas anderes behauptet, als Verrückten oder als Bedrohung empfindest.

Doch egal, wie sehr du glaubst, in deiner Box gefangen zu sein: Es ist nur ein Traum. Stell dir das Bewusstsein, das du eigentlich bist, wie einen unendlich weiten, unvorstellbar intelligenten, stillen, glückseligen Ozean vor. Dieses Meer ist eingeschlafen und träumt, als winziger, hilfloser Tropfen in einer Box gefangen zu sein. Wie lange braucht es, um aus einem Traum zu erwachen?

Einen Augenblick.

Wenn der kleine Tropfen Geist erschöpft ist,
wenn er genug Runden in der Box gedreht hat,
wenn er die Nase voll vom Grübeln, Sichsorgen und Kämpfen hat,
kann er innehalten,
den Geist ganz still und weit werden lassen
und sich wieder daran erinnern, wer er wirklich ist.

Erinnern bedeutet, dich mit dem Meer deines freien Bewusstseins zu verbinden und in eine Dimension einzutauchen, in der dein Problem nichts weiter ist als eine flüchtige, faszinierende Lichtbrechung auf den Kronen der Wellen.

Es ist ein wunderschönes Paradox:

Du bist das Meer und der Tropfen.
Als Meer bist du bereits vollkommen, angekommen, erwacht.
Als Tropfen bewegst du dich auf einer Spirale des Erwachens durch das Spiel.

Versuche nicht, die eine Ebene gegen die andere auszuspielen. Erlaube dir, beides zu sein. Wenn du dieses Buch bis hierher gelesen und verdaut hast, bist du in einer Phase des Spieles angekommen, in der du Zugang zu beiden Welten hast. Du pendelst, vielleicht erst einmal nur spontan und intuitiv, zwischen den Welten hin und her.

Immer wieder schläfst du ein und träumst, du wärest ein kleiner Tropfen, gefangen in einer Box. Hier ringst, suchst, lernst und kämpfst du. Doch es werden sich die Momente häufen, in denen du dich wach in eine wesentlich, wesentlich größere Dimension deiner Selbst hineinentspannst. Für kostbare Augenblicke bist du dann das weite, stille Meer.

Aus der Sicht des Tropfens ist die Box ein echtes, großes, verflixt anstrengendes Problem. Aus der Sicht des Meeres ist es ein geniales, anregendes Spiel des Bewusstseins.
Zu Beginn wird dich die Tropfenperspektive aus Gewohnheit mehr anziehen. Das heißt, der Stress und das Leid mit deinem Problem

werden überwiegen. Du wirst darum kämpfen müssen, nicht wieder im Traum der Begrenzung einzuschlafen. Je öfter du bewusst zum Meer wirst, desto einfacher und schneller kannst du zwischen den Perspektiven switchen.

Tropfen-Meer-Tropfen-Meer ..., du beginnst, den Tanz der Perspektiven zu genießen. Die verbissene Ernsthaftigkeit verschwindet. Dein Geist öffnet sich. Alte Widersprüche lösen sich auf. Humor kehrt ein.

Du bringst aus dem Ozean der unbegrenzten Freiheit eine frische Brise in die Box. Du fühlst dich deinem Problem nicht mehr hilflos ausgeliefert. Du nimmst seine Mauern nicht mehr so tierisch ernst, sondern begreifst sie als eine kostbare Chance, noch mehr über deine wahre Größe zu lernen. Weil du weißt, wer du wirklich bist, schwindet die Angst im Traum und die Neugier nimmt zu. Das Problem wird wieder zu einem Spiel, an dem sich dein genialer Geist wie an einem guten Wein erfreut.

Nachtrag
Falls du dies in deinem Verstand noch nicht zusammenbringst, weil du noch glaubst, es gebe nur ein Entweder-Oder, ärgere dich nicht. Auch dieser mentale Knoten ist nur eine Box, aus der du dich demnächst befreien wirst. Der Samen ist gesät.

❗ Praktische Umsetzung

- Tritt einen Schritt zurück und betrachte dein Problem einmal wie ein Theaterstück. Stell dir vor, du hast dieses Drama kreiert, um dich selbst zu unterhalten. Während du auf der Bühne kämpfst, verlierst und gewinnst, schaut der größte Teil deines Bewusstseins einfach ruhig zu. Was macht das mit dir?

- Welche Wege kennst du, dich mit deinem großen, unbegrenzten Bewusstsein zu verbinden? (Manchmal müssen wir bildhaft aus unserer eigenen Haut fahren, um uns und unser Problem aus einer größeren Perspektive betrachten zu können.)

- Erstelle eine Liste von natürlichen bewusstseinserweiternden Ritualen, von denen du weißt, dass sie deinen Geist erheben, fliegen und über dich hinauswachsen lassen.

Hier sind einige Beispiele:

1. Guter Sex!
2. Meditation
3. Eine Stunde lang mit geschlossenen Augen
   zu Trancemusik tanzen
4. Intensiver Sport bis in eine befreiende
   Erschöpfung hinein
5. Einen klugen, liebevollen, groß denkenden
   Menschen anrufen und um Rat bitten
6. Auf einen hohen Berg klettern
7. Dich auf einen Tisch stellen
8. Einen erhebenden, inspirierenden Film schauen

Welche Wege kennst du noch,
deinen Geist zu befreien?

Es ist wirklich hilfreich, diese Methoden aufzuschreiben und dir gut leserlich in deine Wohnung zu hängen. Denn eines können wir dir fast garantieren: Wenn du diese Liste am meisten brauchst, wirst du am wenigsten an sie denken.

Wenn sich der Geist erst einmal so richtig tief in seiner Box verrannt hat, empfindet er solche Vorschläge meistens als störend. Er will weiterbohren, -graben, -schuften. Doch dadurch wird dein Denken immer enger. Die Box zieht sich regelrecht zusammen.

Sei schlau. Schaff dir eine Erinnerung!

Und es kann sein, dass du dich zuerst sogar zwingen musst, eines der Mittel von deiner Liste wirklich anzuwenden, weil der boxbesessene Part deines Verstandes ruft: „Nein, jetzt nicht. Ich habe keine Zeit loszulassen. Ich muss kämpfen."

Einen besseren Zeitpunkt, um dich zu entspannen, gibt es nicht …

Das 13. Axiom

Du sollst dich und andere
nicht langweilen.

Dieses Spiel, genannt Leben, wurde für Freude, Wachstum und Selbsterkenntnis erschaffen. Vergeude es nicht mit Jammern.

Jammern ist nicht einmal tragisch.
Es ist einfach nur stinklangweilig.

Kennst du Menschen (natürlich bist nicht du selbst gemeint …), die sich immer wieder auf dieselbe Art über dasselbe Problem beklagen, ohne etwas Entscheidendes zu verändern? Wenn du zu den netten Menschen zählst, hörst du ihnen geduldig zu. Vielleicht glaubst du sogar, der andere wolle etwas verändern. Also bringst du engagiert Lösungsvorschläge ein. Dein Gegenüber nickt, dankbar für deine Aufmerksamkeit, und geht zufrieden nach Hause. Eine Woche später trefft ihr euch wieder. Dein Gesprächspartner hat sein Problem noch immer. Verändert hat er nichts. Aber er würde so gern noch einmal mit dir darüber reden. Also bist du wieder nett. Du hörst geduldig zu … Es findet ein fast identisches Gespräch statt.

Kommt dir das bekannt vor? Mal ganz ehrlich, langweilt dich das nicht? Nervt es dich nicht, wenn du kostbare Momente deines Lebens mit *Und täglich grüßt das Murmeltier*-Dialogen[25] verbringst?

Doch was ist mit dir selbst? Machst du es anders? Oder nuckelst du anderen Menschen auch regelmäßig ein Ohr ab mit deinen

....
[25] Ein genialer Film mit Bill Murray über einen mürrischen Menschen, der immer und immer wieder denselben Tag seines Lebens durchleben muss.

Problemen? Ist das fair? Ist es höflich? Nur weil es gesellschaftlich akzeptiert wird, ist es noch lange nicht cool.

Auch wenn du es nicht wahrhaben willst: Das ständige Jammern über deine Box verändert … NICHTS. Im Gegenteil, es verstärkt deine Bindung an dein Gefängnis.

Es gibt nur zwei intelligente Wege, sich auf dein Problem zu beziehen:

Genieße es. Oder verändere etwas.

Willst du wirklich etwas verändern? Dann komm voll in deiner Box an. Erforsche sie. Fühle ihre begrenzenden Wände. Was löst das in dir aus? Gestehe dir auch ehrlich ein, wenn dir die Box in diesem Augenblick noch Vorteile beschert.

Entweder du findest bei deinem Boxencheck heraus, dass die Pflaume noch nicht reif ist. Dann hör auf zu meckern und genieße dein Problem so gut du kannst. Es hat keinen Sinn, sich über etwas zu beschweren, das im Augenblick noch zu dir gehört. Das ist, als ob du ein Stück Torte isst und dich gleichzeitig mit vollem Mund darüber beklagst, dass du nicht aufhören kannst, Torte zu essen. You get the point?
Du verschwendest nur diesen kostbaren Lebensmoment und machst alle Beteiligten zu Zeugen eines absurden Dramas.
Du genießt weder die Torte noch verändert sich etwas.

Jammern ist passiv verschleppter Protest gegen das, was ist. Du lässt kurz Dampf ab, damit es erträglicher wird, und alles bleibt beim Alten.

Jammern verschleppt anstehende Veränderungen. Wenn du aufhörst zu jammern, ist dies kurzfristig unangenehm. Es baut sich Druck auf. Und der bringt Bewegung ins Spiel. Entweder entwickelst du wieder Freude am Inhalt deiner Box oder du wächst darüber hinaus.

Jammern beleidigt deinen schöpferischen Genius. Jammern langweilt. Dich und alle um dich herum. Glaub mir, sie sind nur zu höflich, es zuzugeben oder hoffen, dass du genauso stillhältst, wenn sie wieder einmal abnerven.

Genieße, was ist, oder initiiere Veränderung.[26]

Dieses Spiel wurde für Freude, Wachstum und Selbsterkenntnis erschaffen. Also bitte, bitte, bitte: Tu uns den Gefallen und kultiviere Humor.

Um deine Probleme zu lösen, ist es nicht notwendig, vor Ernsthaftigkeit zu erstarren. Im Gegenteil: Verbissene Ernsthaftigkeit ist komplett wertlos. Sie gräbt dich noch tiefer in deine Box ein und du verpasst den Spaß an der Sache. Wir wissen, dass dies höhnisch klingen kann, wenn du gerade mittendrin im Schlamassel sitzt. Doch glaube uns, das Beste, was dir und deinem Problem passieren kann, ist deine Bereitschaft, über dich in deiner Box zu lachen.

Humor kommt von jenseits. Humor beamt dich sofort in die freie Dimension (siehe Axiom 12). Auch schwarzer Humor ist ein legitimes Mittel, um dich in deiner Box zu entspannen. Jedes Mal, wenn du lachst, existiert sie de facto nicht mehr.

Also, höre auf zu meckern.
Genieße oder verändere.
Steck dir dein Jammern in deinen süßen Hintern
und richte dich auf.
Fang an, lässig-mild zu grinsen.
Du verpasst sonst das Spiel.

....

[26] Wenn du aufrichtig an Veränderung interessiert bist und nicht weißt, wie, besorg dir die Box (siehe Anhang) und beginne, dein Problem aus der Perspektive eines schöpferischen Genies zu erforschen.

❗ Praktische Umsetzung

Wenn du dich mal wieder so richtig in deiner Selbst-Wichtigtuerei verrannt hast, nutze die Sternenstaubmeditation, um deine Perspektive auf die Dinge zurechtzurücken.

Schließe deine Augen und spüre dich und
dein Problem.
Dann stelle dir vor, du schaust von oben auf den Ort, die Stadt, in der du lebst. Stell dir vor, du könntest für einen Augenblick mit all den Schicksalen dieser Menschen, die hier, in unmittelbarer Nähe von dir, leben Kontakt aufnehmen. Höre ihr Lachen, ihr Weinen, ihre Fragen, ihre Diskussionen. Spüre dieses riesige Meer an Gefühlen: Freude, Schmerz, Agonie, Ekstase, Trauer, Zorn. Hier hält jemand ein Neugeborenes in den Händen, da stirbt ein Geliebter. Hier windet sich jemand in Schmerzen, dort genießt einer seine Kugel Eis.
Wie wichtig ist dein Problem jetzt noch?

Zoome dich noch höher, an den Rand unserer Atmosphäre. Schau auf diesen kleinen, grünblauen, so verletzbaren Planeten. Sieh und fühle acht Milliarden Menschen in ihren Boxen. Grotesker Reichtum – unvorstellbare Armut. Höre das Dröhnen der Maschinen, das Stöhnen der Leiber. Empfinde das kollektive Glück, die Sehnsucht und das Leid.
Wie wichtig ist dein Problem jetzt noch?

Schnippe jetzt dreimal mit den Fingern.
Wusstest du, dass alle drei Sekunden ein Kind
auf unserem Planeten stirbt?

Wie wichtig ist dein Problem jetzt noch?

Schnippe jetzt einmal.
Jede Sekunde werden ca. drei neue Menschen geboren.
Und ihr Spiel beginnt, ihr Traum baut sich auf. So wie deiner.
Was sie brauchen, wonach sie sich alle sehnen, so wie du,
sind Glück und Freiheit.
Zoom dich nun noch höher, immer weiter hinein in den
leeren Sternenraum. Bis du unsere Sonne nicht einmal
mehr erkennen kannst. Lausche der Milliarden Jahre alten
Stille. Gestatte dir, das Körnchen Sternenstaub, das du Erde
nennst, in weiter, weiter Ferne wahrzunehmen.
Wie wichtig ist dein Problem jetzt noch?

So, bevor du dich nun von da oben in
deinen Körper zurückzoomst, frag dich:

1. Wie wichtig ist mein Problem wirklich?
2. Wer will ich für die vielen Menschen, die mir in meinem
    Leben noch begegnen werden, sein? Ein Langweiler,
    ein Jammerer, ein Wichtigtuer? Oder ein Agent der
    Freiheit, der sie durch ein leichtes Lächeln, geboren aus
    einem tiefen Verständnis, erleichtert und inspiriert? Ein
    Mensch, dessen Herz durch die Weite des Alls geöffnet
    wurde, sodass alle anderen in seinem Mitgefühl zur
    Ruhe kommen können?

Du weißt ja mittlerweile:
So, wie du es haben willst, so wird es sein.

Ein Rätsel zum Schluss:

Wenn niemand da ist, der die Phänomene in deinem Leben ein „Problem" nennt, existiert dann dein Problem noch?

Das kleine Problemlexikon

○ Evolution ist eine spiralförmig angeordnete Kette von Problemen, deren Lösung jeweils bereits das nächste Problem nach sich zieht.

○ Süchte sind der Versuch, dein gegenwärtiges Problem zu leugnen.

○ Ernüchterung folgt der Erkenntnis, dass dein Problem nach jeder Verleugnung etwas nerviger zu dir zurückkehrt. Es liebt dich!

○ Freiheit erlangst du, wenn du die Tatsache akzeptierst, dass es keine Ich-steig-aus-allen-Problemen-aus-Option gibt. Dies ist der Wie-lerne-ich-Probleme-lieben-und-lösen-Planet.

○ Erfolg bedeutet, gezielt und schöpferisch zu beeinflussen, welches Problem du als Nächstes haben möchtest, falls du das aktuelle irgendwann gelöst hast.

○ Kreativität wird frei, wenn du deine Probleme in Herausforderungen umbenennst und sie nun verspielt statt verbissen angehst.

○ Liebe erlaubt dir, dein aktuelles Problem wirklich anzunehmen, und verwandelt es so in eine zwar noch immer bittere, aber heilsame Medizin.

○ Mystik lässt dich mit deinem Problem verschmelzen, bis nur noch Einheit erfahren wird. Das Problem, der Problembesitzer und der Betrachter von beiden werden als eins erkannt.

- Erwachen offenbart dir einen Blick hinter die Bühne – da, wo deine Probleme nicht existieren.

- Humor hilft dir, damit klarzukommen, wenn du wieder auf die Bühne musst und jetzt zwar weißt, dass dein Problem nicht existiert, es aber dennoch lösen musst.

- Demut bedeutet, die Probleme, die in deiner evolutionären Pipeline auf dich warten, mit einer solchen Hingabe zu lösen, als ob die Rettung des gesamten Universums davon abhinge, und gleichzeitig zu wissen, dass das, was du tust, völlig irrelevant für das große Ganze ist.

- Clever bist du, wenn du endlich zugibst, dass du immer weißt, was als Nächstes zu tun ist, um das gegenwärtige Problem zu lösen. Du musst die Lösung nicht umsetzen, du kannst dein gegenwärtiges Problem gern so lange festhalten, wie du möchtest. Doch das ganze Spiel bereitet wesentlich mehr Spaß, wenn du alle deine Probleme als selbst gewählt betrachtest. Denn dann hast du die Wahl:

- Entweder du beginnst, dein gegenwärtiges Problem mehr zu achten und vielleicht sogar zu genießen, oder du löst es und suchst dir so ein neues Problem.

It's up to you!

Anhang

Raus aus
DEINER
Box!

Das Spiel zum Buch!

Ein verblüffend einfaches, erleuchtendes Spiel, um hartnäckige Probleme, Sackgassen und Blockaden aufzulösen.

Stell dir vor, du könntest die Box deines Problems spielerisch verlassen. Think out of the Box! Überrasche dich selbst. Befreie deinen Geist. Interessant für Menschen, die generell an mehr Freude und Freiheit im Spiel des Lebens interessiert sind und besonders für jeden, der gerade eine konkrete „Nuss" zu knacken hat.

Inhalt: Spielbox, Spielfigur, Zugang zu einem 12 Videokurs, in dem du von Veit persönlich spielerisch und kompetent durch die einzelnen Stationen begleitet wirst. Zugang zu einem realitätsverschiebenden Vortrag mit Veit „Raus aus der Box!"

Gutschein!

Wir möchten dich für den Kauf dieses Buches gern anerkennen, dich ermutigen, mit dem Spiel tiefer in die Materie einzusteigen und dein Problem so zu erlösen. Deshalb spendieren wir dir einen 10 € - GUTSCHEIN, den du beim Kauf des Spieles einlösen kannst.

Gib beim Bezahlen den Code „ichwillraus" ein und schreibe uns in das Kommentarfeld, wo du das Buch erstanden hast.

„Erkenntnisse waren das eine, erlebte entscheidende Veränderungen in meinem Leben waren das größte Geschenk. Ich habe z.B. die innere Logik und die Genialität meiner eigenen Problem-Geschichte verstanden und habe wirklich über mich gestaunt, wie effektiv ich mein Problem in mir verankert habe. Ich kann nicht genau sagen, was eigentlich passiert ist - ... das Ergebnis ist auf jeden Fall, dass ich völlig andere Dinge erlebe als vorher. Begegnungen mit Menschen sind anders, ich habe jetzt ein Gefühl davon, was es heißt, Teil eines guten Netzwerkes zu sein und ich scheine mehr Freude auszustrahlen. Auch mein Verhältnis zum Problem hat sich jetzt deutlich geändert. Vorher war es so ein Gefühl, dass ich im Problem stecke oder dass das Problem mich hat. Jetzt ist es eher so, dass ich irgendwo noch ein Problem in der Ecke stehen habe, was mich aber keineswegs vom Leben abhalten kann. Diese Box ist Gold wert!!! DANKE!!!"

Eine Box-Spielerin

Hinweis für Coaches und Therapeuten:

Das Spiel eignet sich auch hervorragend als Tool für Coaches, Berater und Seminarleiter. Gern informieren wir dich über unsere Lizenzoptionen.

Mehr Informationen und Buchungsmöglichkeiten zum Spiel:
www.raus-aus-deiner-box.de

Veit Lindau wirkt als Teacher, Speaker und Bestseller-Autor. Professionelles Mitglied der German Speaker Association. Veit versteht sich als liebevollen Cultural Provocateur, achtsamen Businesspunk und Freigeist. Er gilt im deutschsprachigen Raum als Experte für eine integrale Selbstverwirklichung des Menschen.

Sein Leitspruch lautet: „Nichts ist zu gut, um wahr zu sein!" Seine Artikel und Bücher sind präzise, kompromisslose und gleichzeitig humorvolle Weckrufe. In seinen Bestsellern »SeelenGevögelt. Manifest für das Leben« & »Heirate dich selbst« ermutigt, inspiriert und fordert er dich provokant und liebevoll zugleich heraus, die Chance deines Lebens voll zu kosten. Seine Vorträge verlaufen oft überraschend und interaktiv. Was seine Zuhörer am meisten an ihm lieben, ist seine Authentizität – eine Synthese aus transzendenter Tiefe und menschlicher Bodenständigkeit.

Wie du siehst: Veit hat die Box auf der Bühne, während seiner Vorträge, schon immer gern als Metapher verwendet. Irgendwann verliebten sich die beiden ineinander. Der geheime Wunsch der Box war schon immer, der Befreiung des menschlichen Geistes zu dienen. Also Veit versprach, ihr in diesem Buch und mit dem Spiel ein Denkmal zu setzen.

Kommuniziere mit Veit auf Facebook:
www.facebook.com/veitlindau
Besuche seine Webseite:
www.veitlindau.com
Heirate dich selbst! Die Webseite zum Buch:
www.heirate-dich-selbst.de
SeelenGevögelt. Die Webseite für Rebellen des Geistes:
www.seelengevögelt.de

Illustrationen

Ein herzliches Dankeschön geht an Jana Tuncer
für die lebendigen Illustrationen.

Kontakt: janatuncer@web.de

Weiterführende Büchertipps

**Die Entstehung der Realität: Wie das Bewusstsein die Welt
erschafft** von Jörg Starkmuth

Boomeritis: Ein Roman, der dich befreit von Ken Wilber

**Meditation für Anfänger: Inklusive einer CD mit sechs ge-
führten Meditationen für Einsicht, innere Klarheit** von Jack
Kornfield

**Mindsight - Die neue Wissenschaft der persönlichen Trans-
formation** von Daniel J. Siegel

Drehbuch für Meisterschaft im Leben von Ron Smothermon

**Transformation statt Veränderung: Technologie der Selbst-
Befreiung** von Ron Smothermon

Die Kunst des klaren Denkens: 52 Denkfehler, die Sie besser anderen überlassen von Rolf Dobelli

Heirate dich selbst: Wie radikale Selbstliebe unser Leben revolutioniert - Mit CD von Veit Lindau

Seelengevögelt - Manifest für das Leben. Ein Plädoyer für ein freies, waches, authentisches Leben von Veit Lindau

Ein Kurs in Wundern: Textbuch /Übungsbuch /Handbuch für Lehrer von USA Foundation for Inner Peace

Illusionen: Die Abenteuer eines Messias wider Willen von Richard Bach

Das Gehirn eines Buddha: Die angewandte Neurowissenschaft von Glück, Liebe und Weisheit von Rick Hanson, Richard Mendius und Christine Sadler

Die Macht der inneren Bilder. Wie Visionen das Gehirn, den Menschen und die Welt verändern von Gerald Hüther

ThinkBigEvolution – Der 30Tageskurs für deinen ganzheitlichen Erfolg von Veit Lindau (www.thinkbigevolution.com)

Spiral Dynamics - Leadership, Werte und Wandel: Eine Landkarte für das Business, Politik und Gesellschaft im 21. Jahrhundert von Don Edward Beck, Christopher C. Cowan und Carl Polonyi

Gott 9.0: Wohin unsere Gesellschaft spirituell wachsen wird von Marion Küstenmacher, Tilmann Haberer und Werner Tiki Küstenmacher

Jetzt! Die Kraft der Gegenwart von Eckhart Tolle

....

Inspirierende Filme zum Ausstieg aus deiner Box

Matrix

Die Trueman-Show

Und täglich grüßt das Murmeltier

Inception

Shutter Island

The Game

Dank

In tiefer Ehrfurcht vor der Intelligenz des Spieles,
welches wir Leben nennen.

In Dankbarkeit für die Möglichkeit des Erwachens,
für die Meister auf meinem Weg,
für dich, den ich berühren durfte.

Epilog

Mitten in der Nacht erwachte die Adeptin aus ihrem Traum. Plötzlich war alles so klar. Sie sah die Millionen von Spielstationen ihrer vielen Leben noch einmal vor ihrem inneren Auge vorüberziehen. Eine endlose Aneinanderreihung von Schlachten, Gefahren, Erfindungen, Blockaden, Durchbrüchen und Erleuchtungen. Sie erfuhr noch einmal ihren orgastischen Tanz durch die Boxen. Wie in einem magischen Zeitraffer bewohnte sie noch einmal die Leiber, die sie auf ihrem Weg des Erwachens benutzt und verschlissen hatte. Mineralien, Bakterien, Pflanzen, sanfte und wilde Tiere und viele, viele Menschenkörper.

Sie sah und fühlte den Dreck, das Blut, die Dunkelheit und das Licht, das stumme, unaufhaltsame Drängen, zuerst nur ein roher Impuls, später feiner pulsierend als süße, schmerzvoll ahnende Sehnsucht.

Sie sah und verstand, wie sich wilde Triebe im Laufe der Jahrmillionen langsam aber sicher mit Bewusstsein und mit Liebe paarten.

Sie erfuhr noch einmal die Enge, den Schmerz und die Ohnmacht der tausend Niederlagen, den Abgrund des Sterbens, die Erlösung der Stille im Tod. Sie durchlebte die unbändige Ekstase der nächsten Wiedergeburt, die Freude am Spielen, die unbändige Glückseligkeit des Wiederfindens.

Immer klarer wurde ihr Sehen. Die verschiedenen Stationen ihres Spiels wurden zu Sternen am Himmel eines heiligen Wirkens. Sie staunte und wusste zugleich. Ohne Worte. Der Verstand stand still.

Alles ergab einen Sinn.

Sie sah, wie die Fäden ihres Spiels sich mit denen der anderen Mitspieler verwoben. Wie sich Boxen berührten, durchdrangen, sich in
Schwingung versetzten und gegenseitig erlösten. Ihr Bewusstsein
durchwanderte Boxen, in denen einzelne Menschen, Familien und
auch Nationen um ihr Erwachen rangen. Alles diente allem. Alles
war alles. Der Mensch war noch nicht fertig geboren. Sie fand sich in
jeder Box seine Mitspieler wieder. Sie war ihre Brüder und Schwes-
tern. Da, wo sie um Erwachen rangen, stand auch sie. Sie kannte
ihre Zweifel, ihr Drängen, ihre Angst, ihre Liebe. Die unendlich
vielen Spielstationen funkelten – aneinandergereiht wie Perlenketten
aus Licht. Milliarden von Lichtfunken, Milliarden von Schicksalen
– verwoben, verschlungen in einer Spirale des Werdens. Und sie gab
sich hin, dem Leben der Vielen, dem Leben des Einen. Sie war jetzt
Eins mit dem Werden. Ein wilder, ewiger Strom des Gebärens.

Und dann wurde es still. Völlig still.

Kein Spieler.
Keine Box.
Kein Werden.
Keine Geburt.
Kein Sterben.

Nichts von alldem war wirklich passiert.
Unendliche Stille.
Frieden.
Glückseligkeit.

Wie ein schlafender Gott ruhte sie in einem unermesslichen
Ozean aus Licht.

Jedem ihrer Atemzüge entsprang eine neue, erträumte Welt, in dem
sie sich im Werden vergaß und durch Gnade wiederfand.
Waren Sekunden oder Stunden vergangen? Es war jedenfalls immer noch Nacht, als die Adeptin langsam in ihren Körper zurück-
kehrte. Ihr Herz pulsierte langsam – still und und trunken vom
Frieden der Ewigkeit.

Sie spürte einen aufkeimenden Widerstand, in die Welt der konkreten Formen zurückzukehren. Langsam schlug sie die Augen auf.

Sie wunderte sich nicht, als sie den Meister neben ihrem
Bett stehen sah. Das musste so sein.

Die tiefe Stimme des Alten roch nach dem stillen, dunklen Ozean,
den sie selbst gerade erfahren hatte:

„Und, hast du eine Frage?"
„Ja. Wenn das ganze Spiel nur ein Traum ist, warum muss ich
es dann spielen?"
„Warum nicht?"
„Mehr kannst du mir nicht dazu sagen?"

„Es ist nicht wirklich zu erklären.
Gib dich hin.
Werde zum Spiel.
Dann bist DU die Antwort."

Meine Notizen und Erkenntnisse

...